Lotte Bormuth

MEINES LEBENS BUNTE BLÄTTER

Lotte Bormuth

Meines Lebens bunte Blätter

francke

Über die Autorin:
Lotte Bormuth ist eine der erfolgreichsten christlichen Autorinnen Deutschlands. In bald 100 Titeln hat sie mit Lebensbildern und eigenen Erlebnissen vielen Menschen Trost, Freude und Glaubensmut vermittelt. Sie hat 5 Kinder und 15 Enkel und lebt mit ihrem Mann in Marburg.

Bibliografische Information Der Deutschen Bibliothek
Die Deutsche Bibliothek verzeichnet diese Publikation in der Deutschen Nationalbibliografie;
detaillierte bibliografische Daten sind im Internet über http://dnb.ddb.de abrufbar.

ISBN 978-3-86827-375-5
Alle Rechte vorbehalten
© 1999/2011/2013 by Verlag der Francke-Buchhandlung GmbH
35037 Marburg an der Lahn
Umschlagbild: © dreamstime.com / Jim Ryce
Umschlaggestaltung: Verlag der Francke-Buchhandlung GmbH
Christian Heinritz
Satz: Verlag der Francke-Buchhandlung GmbH
Druck und Bindung: CIP Moravia Books, Korneuburg

www.francke-buch.de

Inhaltsverzeichnis

Wie Blätter in meiner Hand

In dieser sengenden Mittagsglut sind die Straßen wie leer gefegt. Nur ein paar zottige Hunde trotten träge über das heiße Pflaster. Sie suchen Schutz vor der heißen Sonne im Schatten eines Baumes. Ich sitze im Gras. Ein kleiner Bach plätschert vor mir dahin und fächelt mir etwas Kühle zu. In meiner Hand halte ich einen Strauß von Margeriten, Mohn- und Kornblumen. An einem Rain habe ich sie gepflückt. Ich liebe diese Feldblumen. Sie bringen wunderbare Farbtupfer in ein vom Wind bewegtes Getreidefeld. In tiefen, fast schwermütigen Gedanken versunken streicht mein Leben an mir vorüber. Dabei werfe ich, eigentlich ohne rechten Grund, eine Blume nach der anderen in den Bach. Seine Wasser überspülen und tragen die Blüten fort. Einige werden auch in die Tiefe gerissen und tauchen nicht mehr vor mir auf.

So ist mein Leben, muss ich denken. Wie die Blüten in der plätschernden Flut ist es dahingeflossen, manchmal ruhig, ja fast träge, und dann wieder in wirbelndem Strudel sich fast überstürzend. Was ist aus meinen Träumen und Wünschen geworden? Wie viele Menschen haben mich in meinem Lauf begleitet, mich mit Liebe überschüttet, sind mir Mutmacher und Helfer geworden?

Aber gab es nicht auch die Menschen und Mächte, die sich so bedrohend, ja zerstörerisch in mein Dasein gedrängt und sich mir in den Weg gestellt haben? Wie habe ich es schaffen können, dass ich trotz dieser Gefahren das biblische Alter habe erreichen können?

Und dann taucht die noch viel bedeutsamere Frage in mir auf: Wird mein Leben Bestand haben, wenn ich dem eigentlichen Ziel, der Vollendung in Gottes Herrlichkeit, entgegengehe und vor meinem Richter stehe?

Was sagt der Psalmist über diese Zeitspanne hier auf Erden?

„Denn tausend Jahre sind vor dir wie der Tag, der gestern vergangen ist, und wie eine Nachtwache. Du lässest die Menschenkinder dahinfahren wie einen Strom, sie sind wie ein Schlaf, gleichwie Gras, das doch bald welk wird, das frühe blüht und bald welk wird und des Abends abgehauen wird und verdorrt."

Diese Wahrheit in der Tiefe ihrer Bedeutung zu erfassen, wäre zu schwer und bedrückend, gäbe es da nicht auch das andere Wort zu Beginn des Psalms 90:

„Herr Gott, du bist unsere Zuflucht für und für. Ehe denn die Berge wurden und die Erde und die Welt geschaffen wurden, bist du, Gott, von Ewigkeit zu Ewigkeit. Der du die Menschen lässest sterben und sprichst: Kommt wieder, Menschenkinder!

Denn tausend Jahre sind vor dir wie ein Tag, der gestern vergangen ist, und wie eine Nachtwache."

Daran will ich mich halten und mich freuen. Welch eine wunderbare Zusage! Gott ist immer da. In ihm darf ich mich bergen und fröhlich sein in all meinem Tun. Es macht mir Lust, diesem Gedanken nachzugehen und meinen Lebenslauf zu betrachten. Ich will mein Dasein wie einen Blütenstrauß in meiner Hand behalten und es bestaunen. Ich will diesen Blütenzauber, so wie er mir bewusst wird, aufleuchten lassen. Dankbar will ich sagen: Ich gedenke der vorigen Zeiten, und mein Herz ist fröhlich in meinem Gott.

Ein ermutigender Brief

Heute flatterte ein kurzer Brief auf meinen Schreibtisch. Er stammt aus Halle von einer treuen Leserin meiner Bücher. Sie schreibt:

„Liebe Frau Bormuth, ich danke Ihnen für die Bücher, die Sie mir zugeschickt haben. Am liebsten hätte ich Sie beim Empfang des Päckchens in die Arme genommen, so groß war meine Freude. Wie gern würde ich noch den zweiten Teil Ihrer Biografie ‚Und doch lacht mir die Sonne' lesen. Wird es ihn geben? Das wäre zu schön."

Ich musste schmunzeln, denn gerade hatte ich die letzte Zeile meiner Lebensbeschreibung in den Computer getippt. In drei Monaten würde dann mein Buch auf dem Markt sein, und ich könnte Frau Albrecht damit überraschen.

Ich habe erst ein wenig überlegen müssen, wo ich die Dame kennen gelernt habe.

Ich glaube, es war in Oberstdorf, wo sie an einer meiner Freizeiten teilgenommen hat. Dort hat sie für ihr Glaubensleben tiefe

Impulse empfangen, und dieser Reichtum in Gott verbindet uns miteinander. Bei einem Ausflug in die Breitachklamm nahm sie mich zur Seite und führte mich an einen Kiosk. „Suchen Sie sich etwas Schönes aus, ich möchte es Ihnen schenken." *Ich wehrte ab und dachte im Stillen: Ich will doch keine Kuhglocke, keinen Bierbembel, keine Trillerpfeife oder einen Teddybären.* Aber Frau Albrecht ließ nicht locker. Sie entdeckte ein wunderschönes Tuch, und das musste ich annehmen. Den Brief aus Halle mit einem Foto werde ich aber aufheben.

Ein halbes Pfund Butter in der Manteltasche

1957, am Anfang unserer Ehe, sind wir durch manche finanziellen Engpässe gegangen; aber das ist ja bei vielen jungen Familien der Fall, die sich eine Existenz aufbauen wollen. Mein Mann war noch Studienreferendar und verdiente nur 348 DM im Monat. Da waren wir dankbar für jede Hilfe, die Gott uns zukommen ließ. Allein für die Miete mussten wir 100 DM hinblättern.

Es gibt Menschen, die ich wohl ein Leben lang nicht vergessen werde. Dazu gehört ein kleines lediges Fräulein. Sie war Mitglied unserer Landeskirchlichen Gemeinschaft, und wir trafen sie immer wieder bei den Gemeindeveranstaltungen. Lange habe ich nicht gewusst, wer mir so viel Gutes zufügte. Mehrmals fand ich nach der Bibelstunde ein halbes Pfund Butter in meiner Manteltasche. Ich rätselte, wo diese Kostbarkeit nur herkam. Erst nachdem wir Marburg längst verlassen hatten und die liebe alte Dame nicht mehr lebte, erzählte mir ihre Freundin, wer der Geber gewesen war. Fräulein Häuser war eine eifrige Christin. In ihrem Handeln ist sie mir zu einem Vorbild geworden. Regelmäßig besuchte sie die Gebetsstunden und Gottesdienste. Bei einem Professor hatte sie als Haushälterin gearbeitet und besaß sicher keine großen Reichtümer. Aber sie hatte wache Augen für ihre Mitchristen und ein liebendes Herz dazu. Von ihrer geringen Rente kaufte sie noch Butter für mich, damit mir in der Schwangerschaft nichts Lebenswichtiges fehlte. Als dann unsere Tochter Anne-Ruth geboren war, strahlte sie über das ganze Gesicht und bat, das Baby auf den Arm nehmen zu dürfen.

Liebende Menschen auf meinem Weg

Im Frauenkreis der Gemeinde war ich mit meinen 23 Jahren die Jüngste. Als unser erstes Kind geboren war, freuten sich die anderen Frauen sehr, und es war, als hätten sie selber Zuwachs erhalten. Ich wurde reich mit Babykleidung beschenkt: Strampler, Jäckchen, Hemdchen und Mützchen. Eines Tages stand die Leiterin vor mir und brachte mir einen teuren, großen Wäschetopf. Für meine ersten beiden Kinder habe ich jahrelang die Windeln darin gekocht. Ich fühlte mich Frau Räther innig verbunden. Sie war mir eine Mutter in Christus.

Und noch ein Name taucht in meiner Erinnerung auf: Prediger Willi Georgi. Er war meinem Mann ein rechter Seelsorger. Er war es auch, der Karl-Heinz schon als Student in den Predigtdienst eingeführt hat. Oft kam er noch abends nach einer Bibelstunde zu uns und besprach mit meinem Mann den Verlauf der nächsten Gemeinschaftsstunden.

Wie sehr sorgte sich Herr Georgi um unser Wohl! Wir lebten wirklich in ganz bescheidenen Verhältnissen. Zwei winzige Dachzimmer nannten wir unser Eigen. Unser Wohnzimmerchen war mit einem kleinen Balkon ausgestattet. Hier nahmen wir im Sommer die Mahlzeiten ein, und mein Mann bereitete sich für seinen Unterricht vor. Oft stand dort unser Baby an der frischen Luft, und ich trocknete auch draußen die Windeln. Eines Tages erschien unser Prediger mit einem Ballen Stoff unter dem Arm und sagte: „Ihr braucht unbedingt eine Markise. Euch können ja die Leute in die Suppe sehen. Außerdem ist es wichtig, dass euer Baby nicht dem Wind ausgesetzt ist." Ich war völlig überrascht. Herrn Georgi lag nicht nur unser geistliches Wohl am Herzen, sondern er kümmerte sich sogar um unsere Wohnmöglichkeiten. So stelle ich mir einen rechten Hirten der Gemeinde vor.

Eine besondere Überraschung erlebten wir mit unserem Prediger, als wir nach zwei Jahren Marburg verlassen mussten. Mein Mann hatte sein zweites Staatsexamen bestanden und wurde in einem Gymnasium als Assessor angestellt. Nun galt es umzuziehen. Außer einem Elektroherd und einem

Kühlschrank besaßen wir nichts an Möbeln. Es fehlte uns auch an Deckbetten und Geschirr. Bisher hatten wir die beiden möblierten Studentenzimmer meiner Schwiegermutter bewohnt. Eines Abends klingelte Herr Georgi an unserer Tür. „Karl-Heinz, ich habe mir überlegt, wie ihr nun in Arolsen zurechtkommen sollt. Ihr seid ja so arm wie eine Kirchenmaus, und ihr braucht dringend ein Schlafzimmer, einen Schreibtisch, Stühle und Kochtöpfe. Ihr kennt ja Familie Mayer aus unserer Gemeinde. Sie sind Juden und haben unter dem Naziregime schrecklich leiden müssen. Aber sie haben den Holocaust überlebt. Für den Verlust ihres Besitzes haben sie vom Staat eine Entschädigung erhalten. Ich habe mit dem Ehepaar gesprochen, und sie sind bereit, euch finanziell zu helfen. 3000 DM würden sie euch leihen. Damit könnt ihr euch das Nötigste für den Anfang kaufen. Mich würde es beruhigen, wenn ich euch nachts in warmen Federn wüsste."

3000 DM war für uns eine ungeheuer große Summe. Ich kam aus dem Staunen nicht mehr heraus. Ohne dass wir einen Schuldschein unterschreiben mussten, händigte uns Herr Mayer das Geld aus und fügte noch hinzu: „Natürlich ohne Zinsen."

Später haben wir es Familie Mayer gleichgetan. Für einen jungen Prediger, der seinen ersten Dienst antrat, kauften wir ein Auto. Nach etwa vier Jahren zahlte er uns das Geld in kleinen Raten zurück. Natürlich ohne Zinsen. So durften wir von der Liebe reifer Christen lernen.

Ein neuer Start
in Bad Arolsen

Ich weiß es noch wie heute, wie ich in Bad Arolsen fast traumwandlerisch durch die Halle eines Möbelgeschäftes ging. Ich kam ja aus sehr armen Verhältnissen. Durch die Umsiedlung aus Bessarabien und die Flucht 1945 vor den Russen hatten meine Eltern ihr gesamtes großes Vermögen zweimal verloren. Wir hausten in der Nachkriegszeit mit unserer sechsköpfigen Familie in einer Küche mit Kammer. Und nun sollte ich mir ein nagelneues Schlafzimmer aussuchen. Das war mir unbegreiflich. Ich schaute mir die Möbel an und entschloss mich für ein helles Schlafzimmer in Birke. Noch heute, nach 48 Ehejahren, tut es uns gute Dienste. Nie würde ich mich davon trennen wollen, erinnert es mich doch an die Liebe von Herrn Georgi und an das jüdische Ehepaar, die uns beglückt haben.

Schwierig gestaltete sich 1958 in Bad Arolsen die Wohnungssuche. In der Nachkriegszeit war es nicht einfach, eine Bleibe zu finden. Als mein Mann sich in der Schule vorstellte, sagte man uns, dass wir in dieser Stadt höchstens ein Zimmer finden könnten. Verwöhnt waren wir ja nicht, und ich wäre auch mit unserem Kind nach Arolsen mitgezogen, wenn wir nur ein Bett gehabt hätten. Aber im Stillen setzten wir unser Vertrauen auf Gott. Wenn Jesus nach der Auferstehung zu Gott ging, um uns im Himmel Wohnungen zu bereiten, dann kann er das auch auf der Erde für uns tun. Wir beteten und sprachen dann einen jungen Mann auf dem Wochenmarkt an: „Kennen Sie hier Menschen, die sich zum Bibellesen und Gebet treffen?" Etwas verdutzt schaute mich der Mann an, zögerte einen Augenblick und schickte uns dann in die Bahnhofstraße zum Saal der Freien evangelischen Gemeinde. Wir stellten uns beim Pastor vor und unterbreiteten ihm unser Anliegen. Die Begegnung war herzlich, wie es ja unter Christen sein sollte. Wir wussten sofort, dass wir nicht auf taube Ohren stoßen würden. Pastor Mevissen überlegte einen Augenblick und gab uns dann die Adresse einer Familie aus seiner Gemeinde. Frau Reuter vermietete immer Zimmer an Kurgäste. Nun war aber gerade die Saison zu Ende gegangen, und wahrscheinlich könnte sie uns eine Bleibe geben. Eine halbe Stunde später wussten wir, dass unter ihrem Dach, Bahnhofstraße 8, unser neues Zuhause sein würde. Wir waren die glücklichsten Leute und dankten Gott für seine Hilfe. In Bad Arolsen verlebte ich die schönste Zeit meines Lebens, auch wenn sie nicht immer frei von Sorgen war.

Gottfried wird geboren

Im Rückblick läuft Gottfrieds Leben wie in einem Film an meinem inneren Auge vorüber. Wir haben uns dieses Kind, wie alle unsere fünf Kinder, von Gott erbeten. Es war erwünscht und wurde froh erwartet. Aber die Wochen und Monate vor seiner Geburt brachten mich in eine gewaltige Enge und Not. Immer wieder fragte ich mich: *Woher soll ich nur die Kraft nehmen, diesem Kind zum Leben zu verhelfen?* Meine Füße waren stark geschwollen, und oft musste ich erbrechen. Und dann kam doch der Tag der Geburt. Barfuß kam ich in der Klinik an, weil ich schon lange nicht mehr in einen Schuh schlüpfen konnte. Der Arzt, die Hebamme und die Schwestern im Bad Arolser Krankenhaus waren sehr besorgt und mühten sich in rührender Weise um mich. Stunde um Stunde ließ ich die Wehen über mich ergehen, bis ich vor quälendem Schmerz schrie: „Ich kann nicht mehr, ich kann wirklich nicht mehr!" Ich sehe heute noch den ermutigenden Blick und das Zublinzeln der groß gewachsenen, blonden Krankenschwester vor mir, die mir mit ihrem Mienenspiel sagen wollte: „Nur noch ein bisschen Anstrengung, nur noch ein bisschen Durchhaltevermögen, dann haben Sie es geschafft." Ich habe diese freundliche, liebe, junge Frau später nicht mehr wiedergesehen, sie war nur bei meiner Entbindung dabei, aber vergessen habe ich ihre Blicke und ihr Zunicken nicht. Sie hat mir in meiner Not beigestanden und Hoffnung vermittelt.

Gottfried wurde am 13. Juli 1959 so gegen 8 Uhr geboren. Eine Zangengeburt half ihm ins Leben hinein. Aber der Junge war von diesem Eingriff gezeichnet. An den Schläfen war das Köpfchen eingedrückt und blutunterlaufen. Als ich nach der Narkose das Kind zum ersten Mal in meinen Armen hielt, überkam mich Angst. Würde unser Sohn überleben? Gottfried war schwach, und zudem stellte sich noch am dritten Tag eine Gelbsucht ein. Für ein Achtmonatskind hätte dies tödlich sein können. Ich habe in den Tagen des Wochenbetts viel gebetet und noch mehr geweint. Wenn mir der Säugling zum Stillen gebracht wurde, holte ihn die Kinderschwester nach 20 Minuten wieder ins Kinderzimmer zurück, ohne dass das

Kind die nötige Trinkmenge zu sich genommen hatte. Der kleine Kerl war einfach zu schwach zum Saugen und schlief nach den ersten Zügen gleich wieder ein. Kein einziges Mal hörte ich das Baby schreien, und seine Augen blieben vor Erschöpfung immer geschlossen. Was sollte bloß aus meinem Kind werden? Ich bat den Chefarzt, den Kleinen zu untersuchen. Aber seine Antwort war mir kein Trost: „Nun beruhigen Sie sich doch, gnädige Frau, ich habe schon schlimmere Fälle gesehen." Diese Antwort hat mich fast wütend gemacht, und mich überfielen Bedenken, ob ich wohl unser Kind lebend nach Hause bringen würde. Das Wort aus Prediger 3 stand mir vor Augen. Dort heißt es u. a.: „Ein jegliches hat seine Zeit, und alles Vornehmen unter dem Himmel hat seine Stunde: geboren werden und sterben, pflanzen und ausrotten, was gepflanzt ist, würgen und heilen, brechen und bauen, weinen und lachen, klagen und tanzen. Gott aber tut alles fein zu seiner Zeit und lässt ihr Herz sich ängstigen, wie es gehen soll in der Welt. Denn der Mensch kann doch nicht treffen das Werk, das Gott tut, weder Anfang noch Ende."

Geboren war mein Kind, aber es sollte nicht sterben. Leben sollte es! Doch als unser Sohn immer mehr an Gewicht abnahm, packte mich die Angst. Ich weinte Tag und Nacht.

Nach meiner Entlassung aus dem Krankenhaus fuhren wir sofort nach Marburg. Dankbar bin ich für eine ältere Diakonisse. In meiner Verzweiflung suchte ich Rat bei Schwester Else, als Gottfried nach sechs Wochen noch immer nicht das Geburtsgewicht von sechs Pfund erreicht hatte. Schwester Else arbeitete schon viele Jahre im Kinderheim Bethesda. Durch ihre lange Erfahrung hatte sie das rechte Gespür für Säuglinge. Sorgfältig untersuchte sie meinen Sohn und gab mir hilfreiche Ratschläge, wie es mit Gottfried besser werden könnte. „Ihr Baby wird es schaffen", ermutigte sie mich. So flößte ich nach ihrer Weisung dem Jungen alle zwei Stunden die Milch mit einem Löffelchen ein. Mit einem nassen Schwamm strich ich ihm immer wieder über das Gesicht, so dass er aus seiner Schläfrigkeit herausgeholt wurde. Es war ein zeitaufwändiges Unternehmen, bis das Kind die paar Gramm endlich getrunken hatte. Doch der

Erfolg blieb nicht aus. Der Junge erreichte auf diese Weise nach etwa sieben Wochen sein Geburtsgewicht, und von da an ging es aufwärts mit ihm. Außerdem ging ich jeden Tag mehrere Stunden mit dem Baby spazieren. Die frische Luft tat ihm wohl, und so kehrten nach und nach seine Lebensgeister wieder zurück. Gottfried entwickelte sich sogar zu einem stämmigen, lebhaften Kerlchen. Nach 11 Monaten war er so kräftig, dass er sein Ställchen, das auf einer Wiese vor unserem Haus stand, umwarf und im Gras herumkrabbelte.

Zur Namensgebung unseres Kindes muss ich noch erwähnen, dass wir lange nach einem passenden Namen gesucht haben. Mein Mann wollte seinen ersten Sohn Johannes Samuel nennen, weil ein Freund von ihm so hieß. Ich war aber mit diesem Namen nicht einverstanden. Er schien mir zu altertümlich zu sein. In den fünfziger Jahren waren die biblischen Namen noch ungebräuchlich, und ich fürchtete, das Kind könnte wegen dieses ausgefallenen Namens später gehänselt werden. Da ich aber meinem Mann eine Freude machen wollte, erklärte ich mich nach langem Zaudern mit seiner Namenswahl einverstanden. Vielleicht könnten wir auf diese Weise sogar die alten, bedeutungsreichen, schönen Namen der Bibel ins Bewusstsein der Menschen rufen. Aber dann ereignete sich etwas Unvorhergesehenes. Mein Mann kam gerade in dem Augenblick ins Krankenhaus, als ich die schmerzhaftesten Wehen durchzustehen hatte und in den Operationssaal gefahren wurde. Er hat mächtig mit mir gelitten. Als es dann darum ging, den Namen des Kindes anzugeben, beschwor mich mein Mann: „Lotte, sag du, wie das Kind heißen soll. Du hast die Schmerzen gehabt, und deshalb sollst du entscheiden. Ich bin mit allem einverstanden."

Ich habe nachgedacht und darüber gebetet und wählte dann den Namen Gottfried aus. Gewiss, dies war auch kein gängiger Name, aber ich verband damit den Wunsch, dass dieses Kind allezeit im Frieden Gottes ruhen möge. Leicht habe ich es meinem Sohn mit diesem Namen nicht gemacht. Ich glaube, dass er sich manchmal dieses Namens geschämt hat. Seine Klassenkameraden und Freunde nannten ihn Gogo. Mir aber ist Gottfried ein schöner, verheißungsvoller Name.

Unser guter Nachbar Malek

Ein besonderes Geschenk war unser neu erbautes Haus, in das wir 1960 einzogen. Gewiss, wir haben sehr sparen müssen, und in den ersten Jahren haben wir uns verschiedene Verbote auferlegen müssen. So durften keine Süßigkeiten, keine Kleider, keine Schuhe und auch keine Bücher gekauft werden. Aber dieser Verzicht hat sich gelohnt. Unsere drei ersten Kinder, die wie Orgelpfeifen heranwuchsen, hatten viel Freiraum in der Wohnung und dazu einen herrlichen Garten. Einmal habe ich Gottfried lange suchen müssen. Das Kind war wie vom Erdboden verschluckt. Ich lief von Haus zu Haus und fragte Nachbarn und Bekannte, ob sie nicht unseren Sohn gesehen hätten. Er war ja erst zweieinhalb Jahre alt. „Gottfried, Gottfried!", rief ich, so laut ich konnte, und rannte bis zum nahe gelegenen Wald. Keine Spur war zu entdecken. Als ich völlig atemlos und aufgeregt zu Hause wieder ankam, kroch der kleine Kerl gerade unter einem Strauch hervor, unter dem er ein Häufchen Staub gesiebt hatte. Er war so in sein Spiel versunken gewesen, dass er mein Rufen gar nicht gehört hatte. Ich war erleichtert. Nichts ist für eine Mutter schlimmer, als wenn sie eines ihrer Kinder suchen muss.

Wie wichtig es auch für Kinder ist, gute, freundliche Nachbarn zu haben, erfuhren wir durch Herrn Malek. Gottfried liebte Onkel Malek und wurde auch geliebt. Oft stand er mit seinem Schäufelchen und roten Eimer dabei, wenn der Nachbar Mörtel mischte. Er half mit seinen kleinen Händchen tüchtig mit und durfte manchmal mit seiner Schubkarre Sand holen. Dabei kam der kleine Mann sich so wichtig und unersetzlich vor, als könnte die Garage nur mit seiner Hilfe erbaut werden. Stolz berichtete mir der tüchtige Maurer: „Mama, wenn der Onkel Malek mich nicht hätte, könnte er nie und nimmer sein Haus fertig bauen."

War unser Sohn auf Nachbars Grundstück, dann konnte ich unbesorgt meiner Hausarbeit nachgehen. Ich wusste mein Kind in guter Obhut.

Nur einmal hörte ich Herrn Malek laut schimpfen. Aus den Wortfetzen, die an mein Ohr drangen, war mir klar, dass sich sein Ärger gegen Gottfried richtete. Schnell lief ich aufs Nachbargrundstück. Der Zorn des Nachbarn war grenzenlos. Er schnaubte vor Wut, und sein Jähzorn war ihm ins Gesicht geschrieben. Unter seinen ergrimmten Blicken brachte ich das Kind erst mal in Sicherheit. Verstört und ängstlich hockte der kleine Kerl in unserer Küche. Er verstand nicht, warum der liebe Onkel Malek so böse auf ihn war.

Später erfuhr ich den Grund für seinen Zornesausbruch. Unser Nachbar war dabei, sich unter viel Mühen und Fleiß seinen Garten anzulegen. Für Hunderte von Mark hatte er sich Blumenzwiebeln aus Holland schicken lassen und sie nach Farben und Sorten in die Erde gesteckt. Jede Tulpe, jeden Krokus und jede Staude kennzeichnete er mit verschiedenfarbigen Stäbchen, damit er im Frühjahr wüsste, was er noch an Blumen dazupflanzen müsste. Unser Sohn hatte Gefallen an den bunten Stäbchen gefunden und war so sehr von den roten, gelben, blauen, grünen und weißen Stäbchen fasziniert, dass er über die frisch bepflanzten Beete tapste, die Stäbchen herauszog und sie auf einem Häufchen nach Farben sortierte. „Guck mal, Onkel Malek, was ich für schöne Türmchen gebaut habe! So viele schöne, bunte Stöckchen! Soll ich dir auch welche geben? Willst du auch einen Turm bauen?"

Ich begriff Herrn Maleks Wutausbruch sofort. Seiner Frau aber bin ich von Herzen dankbar. Auf sein Schreien und Schimpfen hin kam sie aus der Küche gerannt, sah das Malheur und versuchte, ihren Mann zu beschwichtigen: „Komm, Erich, nimm's nicht so schwer. Der Kleine hat es doch bloß gut gemeint. Es ist auch nicht so schlimm. Du wirst staunen, wenn alles im Frühjahr zum Blühen kommt. Lass dich überraschen! In der Natur vertragen sich die Farben miteinander."

Ganz neu begriff ich, welch ein Geschenk gute Nachbarn sind. Die Liebe Onkel Maleks zu Gottfried blieb aber trotz des Vorfalls erhalten.

Mir ist Luthers Auslegung zur vierten Bitte im Vaterunser bedeutungsvoll, wo er zum täglichen Brot auch die guten Nachbarn rechnet. Frau Malek hatte Recht behalten. Als das Frühjahr anbrach, blühte es in ihrem Garten auf das Herrlichste: Tulpen, Hyazinthen, Krokusse und Schneeglöckchen verwandelten die braune Erde in ein Meer von Blüten. Jedes Mal, wenn ich aus dem Schlafzimmerfenster schaute, musste ich an Gottfrieds bunte Stöckchen in seiner Faust denken.

Freud und Leid
im Kinderleben

Die ersten Jahre in Bad Arolsen mit unseren Kindern waren überaus reich und voller Überraschungen. Unsere zwei Ältesten verlebten eine glückliche Zeit. Vor dem Haus war die Erde hoch aufgeschichtet worden. Kullerberg nannten Anne-Ruth und Gottfried ihr kleines Paradies. Im Winter diente ihnen der kleine Hügel zum Schlittenfahren, im Sommer wurden Schlammburgen gebaut und Höhlen hineingegraben. War ein Fest geplant, dann wurde der ganze Berg mit Gänseblümchen und Löwenzahn der nahen Wiese geschmückt. Zu Ostern versteckten wir dort die bunten Eier. Das war immer ein besonderes Vergnügen, und gerne sehe ich mir auf Fotos noch einmal das fröhliche Treiben von damals an. Manchmal waren unsere beiden so mit Gras und Schlamm bedeckt, dass ich erst genauer hinsehen musste, wen ich eigentlich vor mir hatte: Anne-Ruth oder Gottfried. Dann hörte ich meinen Mann sagen: „Ich werde noch mal eine Maschine erfinden, die unsere zwei packt, sie auf eine Waschstraße stellt, ihnen mit Greifern die Kleider auszieht, sie mit einem Strahl warmen Wassers abspritzt, mit lauer Luft abtrocknet und ihnen die Schlafanzüge anzieht. Am Ende der Waschstraße kommen sie dann geschniegelt und gebügelt hervor und können sich gleich an den Abendbrottisch setzen."

Besonders groß war die Freude, als unsere Kinder ein Dreirad geschenkt bekamen. Familie Buck aus der Freien evangelischen Gemeinde brachte uns eines Tages das Rädchen. Auf der Terrasse wurde Radfahren zum Vergnügen für unsere Rangen. Anne-Ruth lenkte das Gefährt, und Gottfried saß auf dem Gepäckträger. An den Nachmittagen fuhr ich mit Kinderwagen und Dreirad in den wunderschönen Alleen Bad Arolsens spazieren. Kein Auto störte unsere Fahrten. Inzwischen war nämlich Nummer drei, unser Matthias, in der Pyrmonter Straße angekommen. Ob Familie Buck ahnte, wie sehr sie uns mit diesem roten Rädchen beglückt hat? Das Rädchen war unverwüstlich und hat ganz wesentlich zur Freude unserer Kinder beigetragen.

Düster überschattet wurde die Zeit in Bad

Arolsen von schweren Erkrankungen. Eine Lungenentzündung und ein lang anhaltender Keuchhusten brachten unsere Kinder an den Rand des Todes. Die Erstickungsanfälle vor allen Dingen in den Nachtstunden waren grausam. Kurz vor Ausbruch des Keuchhustens war mein Mann gerade nach Österreich zu einer Jugendfreizeit gefahren, die er leitete. Ich konnte ihn überhaupt nicht erreichen, denn die Hütte in den Bergen hatte kein Telefon. In den kritischen Nachtstunden stand mir ein türkischer Student zur Seite, der als Untermieter bei uns wohnte. Er trug ein Kind auf dem Arm und ich das andere, wenn der Hustenanfall die Kleinen schrecklich keuchen und japsen ließ. Ich war kurz vorher mit unseren beiden Großen noch zu einem Zirkusfest gegangen, als sich die ersten Anzeichen dieses furchtbaren Hustens ankündigten. Vorzeitig verließ ich die Veranstaltung und brachte meine beiden Patienten zu Bett. Ich selbst hatte mich auch bei den Kindern angesteckt, und so husteten wir zu dritt um die Wette. Außerdem war ich wieder schwanger und litt unter starker Übelkeit. Mir wurde von Freunden geraten, mit den Kindern ins Gaswerk zu gehen und dort die heilenden Dämpfe einzuatmen. Das sollte Linderung für die schweren Hustenanfälle bringen. Voller Begeisterung sagten die Kinder zu Bekannten auf der Straße: „Jetzt gehen wir ins Gastwerk!" Damit meinten sie wohl ein Gasthaus. Sie waren dann doch sehr enttäuscht, als wir in einem alten, schmutzigen, windschiefen Schuppen landeten. Dort wurde für uns eine Grube aufgedeckt, und wir atmeten die Ammoniakdämpfe ein.

Diesen alten, düsteren Schuppen gestaltete ich zu einem kleinen Paradies um. Ich saß auf einer Holzbank, rechts und links ein Kind im Arm, und begann, die herrlichsten biblischen Geschichten zu erzählen. Ich malte den Kleinen Hanna vor Augen, die so traurig war, weil sie kein Kind bekam. Ach, wie bangten Gottfried und Anne-Ruth mit dieser verzweifelten Frau, die vor Gott in langen Gebeten ihr Herz ausschüttete. Würde der Herr sie erhören und ihr einen Sohn schenken? Und dann war die Freude überwältigend, als Hanna Samuel das Leben schenkte.

Wie litten sie mit Daniel in der Löwengrube! Ein Staunen überkam sie, weil Gott den wilden, schrecklichen Löwen den Rachen verstopfte und Daniel unbeschadet aus dieser grausamen Grube herauskam. Über Monate sangen sie dann fröhlich immer wieder das Lied: „Fest und treu wie Daniel war", das ich ihnen vorgesungen hatte.

Am spannendsten war die Geschichte von der Stillung des Sturmes. Die Jünger waren aufs Meer hinausgefahren, als plötzlich ein gewaltiger Wirbelwind losbrach. Die Wellen schlugen ins Boot, die Ruder zerbrachen, der Wind heulte, so dass die Jünger in Todesgefahr gerieten. In ihrer Verzweiflung weckten sie Jesus auf, der hinten im Boot schlief. Sie schrien laut: „Herr, hilf uns, wir gehen unter!" Da hat sich der Heiland aufgerichtet und hat laut in den Sturm hinausgerufen: „Schweig und verstumme!" Da wurde es auf dem Wasser ganz still. Befreit atmeten die Jünger auf und freuten sich, dass sie einem solch mächtigen Herrn nachfolgen durften. Er hatte Gewalt über Wind und Wetter.

Durch das Erzählen der biblischen Geschichten wurden die Aufenthalte im Gaswerk zu Höhepunkten im Leben unserer Kinder. Schon morgens beim Aufstehen fragten sie: „Gehen wir heute wieder ins ‚Gastwerk'?" Von August bis weit ins neue

Jahr dauerte die Husterei an. Als die Kinder längst gesund waren, musste ich sie immer wieder ermahnen: „Hört endlich auf zu husten!" So sehr hatten sie sich an den Keuchhusten gewöhnt.

Die biblischen Geschichten blieben nicht ohne Wirkung auf unsere zwei. Bei der allabendlichen Säuberung in der Wanne ließen sie den Wind aufheulen und ruderten so kräftig mit den Armen, dass das Wasser über den Wannenrand hinausplatschte und das Bad in eine Seenlandschaft verwandelte. In der Küche nebenan hörte ich, wie Gottfried laut rief: „Da hat sich der Heiland aufgerichtet und hat laut in den Sturm hinausgeschrien: ‚Wind, schweig und verstumme!' Da wurde es ganz still." So haben unsere Kinder früh das Vertrauen zu Gott gewonnen.

Der Kampf um einen Namen

Im Mai des Jahres 1963 wurde unser drittes Kind geboren. Anne-Ruth war noch immer so bewegt von der Geschichte der tief betrübten Hanna und ihrem ergreifenden Gebet, das auf so wunderbare Weise schnell erhört wurde, dass sie sich auf meinen Schoß setzte und sagte: „Mama, wir nennen unser Brüderchen Samuel. Er soll auch ein guter Knecht Gottes werden. Wir bringen ihn dann in den Tempel. Wenn er ein bisschen größer geworden ist, besuchen wir ihn. Jedes Jahr kommen wir zu ihm und bringen ihm auch ein schönes, neues Kleidchen mit, immer ein bisschen größer."

Anne-Ruth war untröstlich, als ihr kleiner Bruder nicht Samuel, sondern Matthias genannt wurde. Zweimal war also das Bemühen gescheitert, den Namen Samuel in unsere Familie einzuführen. Zudem hatte die Namensgebung bei Matthias noch ein besonderes Nachspiel. Es ist ernst und lustig zugleich: Der Junge sollte mit dem Namen „Karl-Heinz Matthias" ins Stammbuch eingetragen werden. Karl-Heinz heißt nämlich mein Mann, und ich wollte ihm mit dieser Namenswahl eine Freude machen. Den Rufnamen Matthias hatten wir gemeinsam ausgesucht. Er stammt aus dem Hebräischen und bedeutet „Gabe Gottes". Als eine solche hatten wir dieses dritte Kind empfangen. Voller Freude hatten wir auch meinen Eltern seine Geburt mitgeteilt.

Es waren vielleicht 14 Tage vergangen, als mich der Brief meines Vaters erreichte. Darin schrieb er:

„Nun bin ich doch sehr enttäuscht. Ich werde auch keine weitere Bitte an euch richten. Ich hatte doch sehr gehofft, dass ihr bei eurem dritten Kind den Namen meines Vaters, Friedrich, oder meinen Namen, Albert, berücksichtigen würdet. Aber es scheint euch wohl nicht viel zu bedeuten, unseren Wunsch zu respektieren."

Ich fühlte mich durch diesen Brief verletzt und fing bitterlich zu weinen an. Gewiss, Vater hatte bei seinen Besuchen gelegentlich erwähnt, dass Albert und Friedrich schöne, bedeutungsvolle Namen seien. Aber er hatte nicht ausdrücklich gesagt, dass wir eins unserer Kinder so nennen sollten. Mir war auch nicht die Sitte meiner Vorfahren bekannt, die immer einem ihrer Söhne den Namen ihres Vaters oder Großvaters gaben.

Als mein Mann am Mittag von der Schule nach Hause kam und meine verweinten Augen sah, fragte er: „Was ist denn mit Mama los?" Daraufhin erzählte Anne-Ruth: „Papa, der Opa hat einen bösen Brief geschrieben, und deshalb weint die Mama." Wir verstanden die Reaktion meines Vaters nicht und waren betroffen. Wir hatten uns doch immer gut mit ihm verstanden, und nun war er verärgert. In meiner Not sprach ich mit unserer Nachbarin. Sie wusste gleich Rat: „Gehen Sie doch aufs Standesamt und beantragen Sie eine Namensänderung. Das ist auf alle Fälle möglich. Erklären Sie dem Beamten Ihre Lage, und er wird Ihnen keine Schwierigkeiten machen."

Mein Mann schlug vor, dass wir unseren Sohn statt „Karl-Heinz Matthias" in „Karl Albert Matthias" umbenennen sollten. Als wir die Namensänderung beantragten, wurde mein Mann nach seinem Einkommen gefragt. Danach wurden die Gebühren auf 37,50 DM festgelegt.

Heute lachen wir über diese Episode. Aber damals hat mir Vaters Brief doch viel Kummer bereitet. Als dann später Opa zu Besuch kam – Matthias war gerade drei Jahre alt –, fragte er ihn: „Sag mir, mein Junge, wie heißt du?" Ohne mit der Wimper zu zucken, antwortete der kleine Kerl: „Heute heiße ich Albert." Mein Vater musste schmunzeln.

Viel später gab es noch einmal eine peinliche Situation mit dem Namen. Als unser Sohn sein Abitur bestanden hatte und der Direktor des Gymnasiums den Abiturienten ihre Zeugnisse feierlich vor der Schulgemeinde aushändigte, rief er ihn auf: „Karl Bormuth." An „Matthias" war unser Sohn gewöhnt, auf „Albert" hätte er zur Not noch reagiert, aber mit „Karl" wusste er überhaupt nichts anzufangen. Verblüfft schaute der Direktor in die Runde, weil keiner der Abiturienten aufstand, um das Zeugnis in Empfang zu nehmen. Wir mussten ihm erst einen Wink geben, dass er damit gemeint sei. Seine Klassenkameraden brachen in schallendes Gelächter aus, als er endlich nach vorne ging und der Direktor ihm sein Zeugnis überreichte.

Dies war wohl das einzige Mal, dass er Karl genannt wurde.

Kontakte zum Goethe-Institut

Eng verbunden mit ausländischen Studenten wuchsen unsere Kinder heran. Diese wohnten in unserem Haus, als sie zum Sprachstudium im Goethe-Institut ihren Unterricht wahrnahmen. Die ersten Ausländer kamen aus Somalia. Ich bereitete unsere Kinder auf die neuen Mitbewohner vor, denn zu der Zeit gab es noch wenig Farbige in Deutschland. „Die beiden Männer, die heute zu uns kommen, haben eine dunkle Haut. Sie sind so schwarz wie das eine eurer Püppchen. Aber sie werden sehr lieb zu euch sein, und wir wollen sie auch gern haben. Ihr braucht euch nicht zu fürchten, auch wenn sie ganz anders aussehen als wir. Geht jetzt auf die Wiese vor dem Haus und pflückt einen schönen Strauß Blumen, die stellen wir ihnen in einer Vase auf ihr Zimmer. Das ist dann eine Überraschung für sie."

Gespannt warteten Gottfried und Anne-Ruth auf unsere Gäste. Es gab überhaupt keine Schwierigkeiten. Als Mohamed, so hieß einer der Studenten, am Abend einen Brief einwerfen wollte, begleiteten die Kinder ihn zur Post. Später haben mir die Studenten gesagt, wie sehr sie sich über die liebevolle Aufnahme in unserem Haus gefreut hätten. Sogar die Kinder wären lieb und freundlich zu ihnen gewesen und hätten sich gleich auf ihren Schoß gesetzt. Mohamed und Hassan fühlten sich zur Familie zugehörig. Sie sagten sogar Papa und Mama zu uns, obwohl wir nur wenige Jahre älter waren als sie.

Mit unseren neuen Mietern war auch die Frage des Babysittings gelöst. Wenn wir am Donnerstagabend zur Bibelstunde gehen wollten, konnten wir beruhigt unser Haus verlassen. Wir wussten unsere beiden in bester Obhut.

Sonntags begleiteten uns die jungen Männer zum Gottesdienst. Wir setzten uns hinten auf die letzte Bank und übersetzten ihnen die Predigt ins Englische. Wir schenkten ihnen auch Neue Testamente und christliche Traktate. Es fiel uns nicht schwer, ihnen Christus zu bezeugen. Wenn ich unseren Kindern die Gute-Nacht-Geschichte aus der Kinderbibel vorlas, saßen sie mit an den Bettchen und hörten zu. Manchmal übte ich mit ihnen Deutsch, indem ich Texte aus der Kinderbibel von Anne de Vries wählte. Das war gutes und doch einfaches Deutsch. So machten die Studenten Fortschritte in der fremden Sprache und wurden zugleich in den Reichtum des biblischen Wortes eingeführt. Die Afrikaner waren aufs Herzlichste mit uns verbunden.

Als wir Weihnachten zu meinen Eltern fahren wollten und ich sie fragte, was sie denn in den Ferien machen wollten, erklärten sie mir ganz spontan: „Mami, wir fahren mit dir." Für meine Eltern war Gastfreundschaft von jeher äußerstes Gebot. Es war ihnen schon in meinem Heimatland Bessarabien ein Vorrecht gewesen, Fremde unter dem eigenen Dach aufzunehmen. So fuhren wir mit unseren Kindern und den beiden Afrikanern nach Breitenbach zu meinen Eltern und verbrachten trotz räumlicher Enge wunderschöne Festtage.

An einen Studenten erinnere ich mich in besonderer Weise. Er hieß Nosa Omoregi, kam aus Nigeria und wollte in Deutschland Medizin studieren. Auch er nannte uns Papi und Mami. Anne-Ruth, Gottfried und Matthias betrachtete er als seine kleineren Geschwister. Mit Nosa verband uns auch eine herzliche geistliche Gemeinschaft. Er stammte aus einer angesehenen Familie. Sein Vater hatte in Nigeria eine hohe Stellung in der Regierung inne, seine Mutter war Lehrerin und eine bewusste Christin. Er selbst hatte eine klare Hinwendung zu Jesus erlebt, und so war es ihm ein Anliegen, seinen Mitstudenten im Institut von Jesus zu sagen. Oft fuhr er sonntags mit meinem Mann über Land und gab Zeugnis in kleinen und großen Versammlungen, wie er seinen Gott erlebte. Wir hatten Nosa lieb gewonnen. Er war wie einer von uns.

An einem Nachmittag kam Nosa vom Sprachstudium nach Hause. Er sah schrecklich traurig aus. „Nosa", fragte ich ihn, „was ist mit dir los? Ist etwas passiert?" Ohne ein Wort zu sagen, ging er an mir vorbei in sein Zimmer. Ich verstand unseren Studenten nicht. Was war ihm nur zugestoßen? Gerade seine Fröhlichkeit, ja fast Unbekümmertheit hatte uns an ihm so gefallen. Ich wartete etwa eine Stunde und ging dann die Treppe zu ihm hoch. Leise öffnete ich die Tür. Nosa lag auf der Erde. Das war seine Haltung, wenn er betete. Jetzt durfte ich ihn nicht stören. Behutsam ging ich die Stufen wieder hinunter. Erst gegen Abend erschien Nosa bei mir in der Küche. Noch immer waren ihm seine Angst und Verzagtheit anzusehen,

„Nosa, was ist denn geschehen? So rede doch."

„Mami, ich kann nicht bleiben in Deutschland. Mein Direktor ist böse zu mir. Mein Geld von Bank in London ist noch nicht gekommen. Er hat gesagt: ‚Herr Omoregi, Sie nicht können bleiben in Goethe-Institut, wenn Sie nicht bezahlen Ihr Geld.' Mami, ich brauche auch ein Praktikum. Wenn ich will studieren in Deutschland, ich muss vorher arbeiten in Krankenhaus. Aber kein Doktor will mich nehmen. Ich bin Schwarzer. Was soll ich machen? Ich sehr traurig."

Ich überlegte einen Augenblick und sagte ihm dann: „Nosa, dieses Problem kann ich für dich lösen. Ich gehe jetzt gleich mit dir zu Dr. Schmidt. Er ist ein Freund unserer Familie, und mit seiner Frau habe ich zusammen in Marburg studiert. Er leitet im Krankenhaus die Abteilung Gynäkologie und Geburtshilfe. Ich werde mit ihm reden, und ich bin fest davon überzeugt, dass er dir eine Praktikumsstelle gibt. Anschließend machen wir uns auf den Weg zum Direktor deines Instituts. Sag mir: Wie viel Geld brauchst du? Ich werde es für dich bezahlen, und später gibst du es mir zurück. Wir möchten dir gerne helfen. Morgen gehe ich zur Bank und hebe diesen Betrag vom Sparbuch ab."

Nosas Gesicht hellte sich etwas auf, und wir gingen gleich los. Wir hatten an diesem Tag auf der ganzen Linie Erfolg. Dr. Schmidt gewährte unserem Studenten einen Praktikumsplatz auf seiner Station, und der Direktor wollte noch nicht einmal mein Geld annehmen. Er meinte, das dulde das Prestige seiner Schule nicht, dass Vermieter für ihre Mieter noch die Studiengebühren aufbrächten. Herr Omoregi habe wohl zu voreilig gehandelt und ihn falsch interpretiert.

An diesem Abend war Nosa der glücklichste Mensch, und schon am nächsten Tag kaufte er sich einen weißen Kittel. Drei Wochen später erreichte mich dann ein Brief von seiner Mutter aus Lagos:

„Liebe Frau Bormuth,
Nosa ist mein erstgeborener Sohn. Bevor er nach Deutschland zum Studium ging, habe ich vor Gott auf dem Fußboden gelegen und ihm meinen Sohn anvertraut. Ich wollte so gern, dass er in eine christliche Fa-

milie kommt. Gott hat mein Gebet erhört.
Meine Angst war groß, dass mein Junge in
Deutschland seinen Glauben verlieren und
in schlechte Hände kommen könnte.
Wie dankbar bin ich meinem Herrn. Sie
sorgen auch gut für Nosa. Vielen Dank, dass
Sie ihm einen Praktikumsplatz verschafft
und ihm auch das Geld für die Studienge-
bühren gegeben haben. Im Glauben an un-
seren großen Gott grüße ich Sie,
Ihre Josephine Omoregi"

Ich habe mich sehr über diese Zeilen gefreut
und war zugleich erstaunt, denn so ganz
stimmte doch die Sache nicht.

„Nosa, ich habe dir doch gar nicht das
Geld vorgelegt."

„Mami, das ist aber so, als wenn du mir das
Geld geben hast."

Als er nach einem halben Jahr sein Sprachstudium beendet hatte – er war ein überaus
begabter junger Mann –, folgte unweiger-
lich die Trennung. Wir mussten Abschied
von ihm nehmen. Er flehte mich regelrecht
an, ihn doch nach Mainz zu begleiten, wo
er sein Medizinstudium beginnen sollte.
„Mami, du musst mit mir gehen. Mami,

ich tragen deine Tasche und bezahlen deine Reise."

Mein Einwand, dass ich in den nächsten 14 Tagen unser drittes Kind erwartete und eine Fahrt mit der Bahn zu riskant sei, versuchte er zu entkräften. „Mami, du musst nicht haben Angst, ich dir helfen, wenn Baby kommt. Ich arbeiten bei Dr. Schmidt, ich weiß, was tun, wenn Kind kommt."

Ich musste insgeheim schmunzeln. Auf diese ärztliche Kunst wollte ich mich natürlich nicht einlassen. Nosa musste schon allein an seinen neuen Studienort reisen. Wir hatten ihm bei einer christlichen Familie ein Zimmer besorgt und ihm auch geholfen, alle schriftlichen Formalitäten bei der Einschreibung an der Universität zu erledigen. Es wurde ein wehmütiger Abschied. Die Tränen liefen ihm die Wangen herunter. Sobald er zehn Schritte gegangen war, drehte er sich um und winkte mir zu. Ich selber musste mir das Nass aus den Augen wischen. Als er an der Straßenbiegung angekommen war, wo er nach links zum Bahnhof hätte gehen müssen, bog er nach rechts in den Kindergarten ab. Mittags erzählten dann Anne-Ruth und Gottfried, dass er mit einer großen Tüte Süßigkeiten zu ihnen gekommen sei, um sich von seiner lieben Schwester und seinem kleinen Bruder zu verabschieden. Jedes Kind in der Gruppe wurde mit Schokolade bedacht. Die Kindergärtnerin war von so viel Liebe und Herzlichkeit berührt.

Menschen, die man nicht vergisst

Ich möchte mir ein verstehendes Auge und ein dankbares Herz für all die Menschen bewahren, die meiner Familie wohl getan haben. Empfangene Liebe weckt Gegenliebe, sie öffnet aber auch eine neue Perspektive für Menschen in Not. Unsere Kinder sind in einem Haus aufgewachsen, dessen Türen weit offen standen, und sie sind selbst mit viel Freundlichkeit bedacht worden. Manchmal blättere ich gerne in Fotoalben, und dabei wird so manche Erinnerung an liebende Menschen lebendig. Wir wären mit unseren Kindern arm dran, wenn wir nur für uns selbst lebten. Es gelingt mir heute nicht mehr, all die Namen derer aufzuzählen, die in selbstloser Liebe meine Kinder auf ihrem Weg begleiteten. So will ich wenigstens zwei Menschen erwähnen: Frau Wehmeyer und Frau Sachewitz.

Frau Wehmeyer war eine ehemalige Chinamissionarin, eine Mutter in Christus. Sie wird sicher im Himmel zu den großen, angesehenen, bewährten Menschen im Reich

Gottes gerechnet werden. Selbstlos und hingebungsvoll hat sie ihrem Herrn viele Jahre in China gedient und für Missionarskinder in Shanghai in rührender Weise Mutterstelle vertreten. Später musste sie mit ihrer großen Familie wie alle Missionare aus politischen Gründen China verlassen. Der Kommunismus duldete keine fremden Christen im Land. Ihre Hingabe an Christus kam auch mir zugute. Wenn ich einmal wegen einer Grippe das Bett hüten musste oder wenn ein Arztbesuch oder ein Behördengang anstand, war Frau Wehmeyer immer zur Stelle und hütete unsere Kinder. Sie hat sie geliebt wie ihre Eigenen. Zärtlich nannten die Kinder sie „Tante Wehmelein". Bei ihr holte ich mir Rat, wenn ich Schwierigkeiten in der Erziehung hatte. War mir das Herz schwer und geriet ich in Anfechtungen, dann konnte ich bei Frau Wehmeyer meine Not in Worte fassen, und wir beteten zusammen. Sie war mir eine rechte Seelsorgerin. Aus Dankbarkeit für ihre wunderbare Hilfe versorgten wir sie mit Bohnen, Kartoffeln, Möhren und Salat aus unserem großen, fruchtbaren Garten.

Auch an Frau Sachewitz denke ich in dankbarer Verehrung. Sie betreute eine Gruppe im Kindergarten. Darüber hinaus kam sie oft zu uns. In unserem Hausbibelkreis war sie uns ein treuer Gast und eine liebe Mitarbeiterin. Wie oft hat sie mir im Haushalt beigestanden, wenn mir die Arbeit über den Kopf wuchs oder wir Besuch bekamen.

Beide Frauen sind schon lange zu Christus heimgegangen. Sie waren für mich leuchtende Vorbilder, was Nachfolge Jesu bedeutet. Ihr Glaube war im Wort der Bibel fest gegründet.

Unser neues Haus

In allen unseren Aktivitäten für Gott war uns unser neu erbautes Haus eine große Hilfe. Da unsere gute Frau Reuter ihre Zimmer wieder brauchte, mussten wir unbedingt für eine neue Bleibe sorgen. Mein Vater riet uns zum Bau eines Eigenheims. Wer schon einmal selbst gebaut hat, weiß, wie viele Schwierigkeiten dabei zu bewältigen sind. Aber wir haben Gottes wunderbare Durchhilfe erlebt. Ein Architekt in der Freien evangelischen Gemeinde, Herr Kröling, verhalf uns in kürzester Zeit zu einem Grundstück und hat auch dann die Planung und Durchführung des Hausbaus übernommen.

Schon seit Beginn unserer Ehe haben wir uns an das Wort aus Maleachi 3,10 gehalten, das von dem Segen spricht, den Gott auf das Opfer des Zehnten legt. Dort heißt es: „Bringet den Zehnten ganz in mein Kornhaus und prüfet mich, ob ich nicht des Himmels Fenster auftue und Segen herabschütte die Fülle."

In Bad Arolsen hatten wir damals den Zehnten vom Gehalt meines Mannes einige Monate aufgespart, um eine größere Summe beim nächsten Besuch der Marburger Mission zu überbringen. Nun kommt man ja beim Bauen öfter in Bedrängnis. Wir hatten Schwierigkeiten mit der rechtzeitigen Auszahlung eines Darlehens. Ich schlug meinem Mann vor: „Nimm doch erst einmal das Geld vom Opfer, später können wir es ja wieder für die Mission zurücklegen." Mein Mann aber lehnte dieses Ansinnen ab: „Was Gott gegeben ist, ist gegeben und wird nicht mehr angerührt." Unsere Lage blieb gespannt. Als ich an einem Abend von der Bibelstunde nach Hause kam, erzählte mir mein Mann: „Während du fort warst, habe ich eine interessante Stelle in der Bibel gelesen. Sie steht in den Chronikbüchern und lautet: ‚Der Herr hat noch mehr, das er dir geben kann, denn dies.' (2. Chr. 25,9) Ich bin jetzt ganz beruhigt und weiß, dass Gott uns aus dieser Notlage heraushelfen wird." Ich war recht pessimistisch.

Zwei Tage später erhielten wir von meinem Vater einen Brief zum Geburtstag meines Mannes. Neben seinen Grüßen und Glückwünschen hatte er mit Bleistift am unteren Rand des Briefbogens noch einen Satz hinzugefügt: „Karl-Heinz, wenn du noch Geld für euren Hausbau brauchst, ich habe 1000 DM für euch gespart." Es war genau die Summe, die wir im Moment dringend benötigten. Für uns wurde dieser Brief zu einem Gotterleben. Es war, als habe Gott sein Himmelsfenster aufgetan und Segen in Fülle herabgeschüttet. Wir wussten, dass wir jetzt getrost weiterbauen können. Wir dankten Gott und schrieben natürlich auch meinem Vater einen liebevollen Dankesbrief. Ich fragte mich jetzt zu Recht, wie ich nur an Gottes Liebe hatte zweifeln können.

Noch ein Geldwunder ist mir in Erinnerung. Zu unserer Gemeinde gehörte auch ein Fabrikant. Mein Mann hatte schon öfter geschäftliche Telefonate in Englisch für ihn geführt. Durch unseren Architekten, der ja auch zu dieser Gemeinde gehörte, hatte der Unternehmer von unserem Hausbau erfahren. Eines Tages sagte er zu meinem Mann: „Bruder Bormuth, wenn Sie Geld brauchen, ich kann Ihnen 5000 DM leihen." Darüber waren wir verblüfft und machten dankbar von dem Angebot Gebrauch. Als mein Mann später dem Unternehmer den letzten Schuldbetrag brachte und ihn nach den Zinsen fragte, winkte er ab: „Sie haben uns in der Gemeinde mit Ihren Predigten und mir persönlich mit den englischen Telefonaten sehr geholfen. Die Sache ist erledigt."

In nur neun Monaten wurde unser schönes Haus fertig gestellt. In der Zeit des Bauens fuhr ich jeden Tag mit dem Kinderwagen zum Grundstück und überwachte den Fortgang. Fehlte eine Firma, die eigentlich am Bau sein sollte, dann telefonierte ich mit ihr. Ich drängte darauf, dass wir bald einziehen könnten. Am 31. Mai 1960 war es dann so weit. Freunde halfen uns bei unserem Umzug, so dass wir keinen Möbelwagen in Anspruch nehmen brauchten. Gewiss, es fehlte noch die Haustür, und im Obergeschoss waren noch keine Fliesen gelegt und außer im Schlafzimmer auch noch keine Tapeten angebracht. Vor allen Dingen fehlten die Fußböden. Aber das störte uns gar nicht. Die nächsten 14 Tage klang mir das Hämmern und Sägen wie Melodie in meinen Ohren. Jeder Handwerker bemühte sich, schnell fertig zu werden. Ob wohl jemand meine Freude nachempfinden kann, als wir die erste Nacht im neuen Haus schliefen? Endlich hatten wir nach äußerster Bedrängnis und Enge ein Eigenheim. Ich hätte den ganzen Tag jubeln können.

„Ein Bethaus allen Völkern"

Am Tag des Einzugs lautete die Losung: „Dies Haus soll ein Bethaus heißen allen Völkern." (Jes. 56,7) Buchstäblich haben wir die Wahrheit dieses Bibelwortes erlebt. Noch heute denke ich dankbar an diese Zeit zurück.

Von einigen unserer ausländischen Freunde habe ich ja schon erzählt. Seit wir in Bad Arolsen wohnten, war es uns ein Anliegen, den Studenten des Goethe-Instituts das Evangelium zu verkündigen. Uns aber war es untersagt, im Institut einen englischen Gottesdienst zu feiern mit der Begründung, dass die Studierenden weder politisch noch religiös beeinflusst werden sollten. Also blieben uns die Türen zum Institut verschlossen.

Aber eines Tages rief der Direktor bei uns an und fragte, ob wir ein bis zwei Zimmer vermieten könnten. Dieser Bitte kamen wir gerne nach. Ich weiß noch genau, dass ich mir von der ersten Mieteinnahme einen Staubsauger gekauft habe. Eines Tages erwartete das Goethe-Institut etwa 50 junge Leute aus Asien. Uns wurde gesagt, dass ihre

Ankunft spät in der Nacht erfolgen könnte, da sie mit dem Schiff am Morgen in den Marseiller Hafen eingelaufen waren und sie nun ein Bus hierher bringen würde. Es war eine stürmische, regnerische Nacht. Als endlich so gegen zwei Uhr die Klingel läutete, standen ein Lehrer der Sprachschule, der Busfahrer und zwei junge Chinesen vor unserer Tür. Ich begrüßte die späten Besucher und bat sie herein. Die beiden Studenten zogen sofort beim Betreten der Wohnung die Schuhe aus und verbeugten sich mit großer Höflichkeit. „Jetzt stehen die Kerle schon in Strümpfen da, anstatt mir zu helfen, die schweren Überseekoffer ins Haus zu schleppen", schimpfte der Busfahrer. Es war ein Glück, dass die beiden ihn nicht verstanden. Ich beruhigte den Fahrer, holte meinen Mann, und mit vereinten Kräften schafften wir die sieben Kisten und einen Sack mit Konserven in den Flur. Etwas verloren standen wir zwischen den hoch aufgetürmten Überseekisten.

„Das ist Herr Cheng", stellte uns der Lehrer einen der neuen Mitbewohner vor. „Und das ist Herr Wang."

„Ich nicht Herr Cheng, ich bin Herr

Chua", kam es etwas zaghaft über die Lippen des einen Chinesen.

„Und ich nicht Herr Wang, ich bin Herr Tan", fuhr der andere fort.

Verdutzt schaute der Lehrer drein. „Da muss eine Verwechslung vorliegen, also müssen wir alles rückgängig machen." Der Busfahrer wurde wütend und war von diesem Vorschlag nicht erbaut.

„Lassen Sie doch die beiden Herren hier", versuchte ich einzulenken. „Sie sehen doch, wie müde und erschöpft die beiden jungen Leute von der Reise sind. Im Übrigen ist es mir egal, ob die Studenten Cheng, Wang, Tan oder Chua heißen. Wenn der Direktor auf einer Verlegung besteht, kann das morgen noch erfolgen." Der Lehrer erklärte sich damit einverstanden, und der Busfahrer verschwand schnell hinter dem Steuer.

„Welches Tag ist heute?", fragte mich zögernd Herr Tan, der in Singapur schon ein halbes Jahr Deutsch gelernt hatte.

Ich schaute auf die Uhr. „Heute ist schon Sonntag."

„Wo ist Kirche?", kam es zaghaft über seine Lippen.

Ich traute meinen Ohren kaum und fragte ihn auf Englisch, ob er Christ sei. Unser Gast nickte und holte aus der Jackentasche eine kleine zerlesene Bibel.

Träumte ich nun oder war das wahr? Schon seit vielen Monaten hatte ich gebetet, Gott möchte uns doch eine Möglichkeit geben, die ausländischen Studenten, die aus fast 100 Nationen in unsere Stadt gekommen waren, mit dem Evangelium zu erreichen. Und nun stand mitten in der Nacht ein junger Asiate vor mir, durchgefroren und hundemüde, und fragte mich, wo er einen Gottesdienst besuchen könnte.

„Wir sind auch Christen, und ich freue mich ungemein, Sie mit in unsere Gemeinde zu nehmen. Trinken Sie schnell noch eine Tasse Tee und versuchen Sie dann, ein wenig zu schlafen. Früh um acht Uhr werde ich Sie wecken, und wir gehen gemeinsam in den Gottesdienst. Wird uns Herr Chua auch begleiten?", fragte ich.

„Ja", kam die Antwort aus seinem Munde.

Aber mein Staunen sollte noch größer werden. Als wir vom Gottesdienst nach Hause gingen, begegnete uns hier und da eine Gruppe junger Leute, die gemeinsam mit unseren Chinesen in der Nacht angereist waren. Etwas verloren gingen sie durch die Hauptstraße unserer Kleinstadt, wo sich die Geschäfte befanden, um sich etwas zum Essen zu kaufen. Aber enttäuscht blieben sie vor den verschlossenen Ladentüren stehen. Aus ihren Heimatländern waren sie es gewohnt, dass die Geschäfte auch sonntags geöffnet waren.

„Kommen Sie doch mit uns", lud ich sie ein. An ihrem Lächeln konnte ich erkennen, dass sie froh waren, in der Fremde mit einem Menschen in Englisch reden zu können. Immer wieder stießen wir auf zwei oder drei junge Männer, die ratlos mit knurrenden Mägen vor den Schaufenstern standen. Es dauerte gar nicht lange, bis wir etwa von 25 Studenten umgeben waren, die aus Indien, Korea, Pakistan und anderen asiatischen Ländern kamen. Wir waren so mit ihnen ins Gespräch vertieft, dass ich erst vor unserer Haustür merkte, was ich angerichtet hatte. Es wurde mir ganz mulmig zumute. Was sollte ich für diese 25 hungrigen Münder kochen? Wir waren ja noch eine junge Familie mit nur zwei kleinen Kindern und besaßen keine Kühltruhe oder größere Vorräte im Keller wie heute. Aber ich ließ mir meine Verlegenheit nicht anmerken. Irgendeine Lösung würde mir schon einfallen. Zunächst musste ich für alle eine Sitzgelegenheit schaffen. Mein Mann holte die Matratzen aus den Betten und brachte alle Stühle aus Keller und Küche herbei. Dann stellten wir einen großen Topf mit Wasser auf die Herdplatte und schütteten sämtlichen Reis hinein, den wir vorrätig hatten, egal, ob es Milchreis oder Langkornreis war. Außerdem brühte ich drei große Kannen Tee auf. Aus den Schränken holte ich sämtliches Geschirr, das wir besaßen, und deckte im Wohnzimmer, Arbeitszimmer und in der Küche die Tische. Aus der Speisekammer trug ich Brot, Kuchen, Fischkonserven, Käse, Marmelade, Honig, Wurst und was ich sonst noch finden konnte herbei. Dazu kochte ich die restlichen sechzehn Eier aus dem Kühlschrank. Unser Sonntagsbraten wurde in ganz dünne Scheiben zerschnitten und mit viel Soße verlängert. Ich kann nicht sagen, ob unsere Gäste von meiner Kochkunst begeistert waren. Jedenfalls blieben nur leere Schüsseln zurück, und an den Tischen kam ein reges Gespräch in Gang, das bis in den späten Nachmittag andauerte.

Als sich unsere Freunde zum Gehen rüsteten, schlug ich ihnen Folgendes vor: „Es war für uns sehr interessant, mit Ihnen bekannt zu werden und etwas über Ihr Land und Ihre Kultur zu erfahren. Wir sind uns heute Nachmittag ein Stück näher gekommen. Mein Mann und ich würden uns sehr freuen, wenn wir Sie wieder als unsere Gäste begrüßen könnten. Gern sind wir auch bereit, von dem zu erzählen, was uns bewegt. Wie wäre es, wenn wir uns am nächsten Samstag wieder bei uns treffen könnten?" Mein Vorschlag wurde begeistert aufgenommen.

Das war der Beginn einer regen Missionsarbeit. An diesem Nachmittag wurde ein Bibelkreis für ausländische Studenten geboren. Regelmäßig trafen sich über zwanzig Studenten in unserem Wohnzimmer. Wir tranken Tee, aßen Plätzchen oder Kuchen, unterhielten uns, sangen aus amerikanischen Choralbüchern, die uns ein Armeepfarrer zur Verfügung gestellt hatte, und bezeugten, was Jesus Christus für unser Leben bedeutete. Gute seelsorgerliche Gespräche fanden oft bis in die Nachtstunden statt. In dieser Zeit haben wir auch sehr viele Bibeln verteilt.

Aus Briefen erfuhren wir, dass Gottes Wort nicht ohne Wirkung geblieben war. So schrieb ein afrikanischer Arzt: „Ich war blind für Christus, nun aber sind meine Augen für ihn offen." Eine Inderin bekannte: „Ich suchte die Wahrheit, fand sie in Gott, und ich danke Ihnen für das Neue Testament."

Dass unser Freund und Bruder, Herr Tan, tüchtig zu dem Bibelkreis eingeladen und die Leute auch bei Regen und Frost in unser Haus gebracht hat, sollte ich unbedingt erwähnen. Gott wusste, warum diese Verwechslung geschehen musste. Durch Herrn Tan fanden wir Eingang in die Sprachschule, und Menschen, die bisher von Christus unberührt waren, hörten das Evangelium. Ich aber konnte nur staunen, wie Gott auf unser Rufen hin geantwortet hat. Über eine längere Zeit blieben wir in Kontakt mit Herrn Tan, der in Darmstadt studierte. Heute ist er Professor für Elektrophysik an der Universität in Singapur.

Ich liebte diese neue Aufgabe an den Studierenden, und immer wieder schenkte es Gott, dass Ausländer unter der Verkündigung meines Mannes zum Glauben an Jesus fanden. Natürlich erforderte dies auch meinen ganzen Einsatz. Ich versuchte immer, auch etwas Leckeres auf den Tisch zu stellen. Mal war es ein Obstsalat, mal eine Quarkspeise, mal ein Pudding oder aber Apfelstrudel. Einige junge Leute brachten auch in einem Beutel ihre schmutzige Wäsche mit, und während wir dem Evangelium zuhörten, lief in der Küche die Waschmaschine, eine Constructa, auf die ich so stolz war. Sie war mein unentbehrlichstes Haushaltsgerät, denn nun musste ich nicht mehr jeden Tag die Windeln in einem Topf auf dem Küchenherd kochen. Ich gewann dadurch mehr freie Zeit. Wenn die Abschlussprüfung im Goethe-Institut nahte, habe ich mit einigen Ausländern den Lernstoff wiederholt. Das Lehrbuch kannte ich mit der Zeit schon auswendig.

Einmal jedoch war ich sehr niedergedrückt. Als ich nach einem Studentenbibelkreis am nächsten Morgen das Zimmer wieder herrichten wollte, sah ich über unser schönes Parkett einen hässlichen Kratzer quer durchs ganze Zimmer. Zwei junge Männer hatten aus dem Nebenzimmer eine Couch hereingeschoben, um mehr Platz zu schaffen, und ein herausragender Nagel war der Übeltäter. Ich war darüber traurig. Als mein Mann von seinem Unterricht nach Hause kam, jammerte ich ihm vor: „Karl-Heinz, sieh nur, wie unser neuer Fußboden aussieht. Ich weiß nicht, ob wir immer das junge Volk hier zu uns einladen sollen."

Mein Mann nahm mich in den Arm und lachte: „Lotte, dieser Riss bekümmert dich! Du solltest froh sein, wenn auf unserem Fußboden die Spuren der Heiligen zu sehen sind."

Ich atmete tief durch, gab meinem Mann Recht und sagte nur: „Wir machen weiter."

Neben dem Studentenkreis am Samstagabend versammelte sich am Donnerstag eine Gruppe meist junger Menschen, diesmal Deutsche, zum Bibelstudium. Außerdem gründeten wir einen Chor und sangen bei besonderen Geburtstagen, im Krankenhaus und auch bei Beerdigungen. Zwei unserer Sängerinnen spielten hervorragend Gitarre und hatten ausgezeichnete Stimmen. Unsere Auftritte konnten sich sehen lassen, und immer öfter wurden wir zu Festlichkeiten eingeladen.

Axel, unser langjähriger Freund

Eines Tages sagte ein junger Bauer zu meinem Mann: „Herr Bormuth, das nächste Mal bringe ich den Erpresser zum Hausbibelkreis mit." Als mir mein Mann dies mitteilte, war ich aus dem Häuschen! Ich klagte ganz entsetzt: „Karl-Heinz, das geht nicht, das kannst du nicht erlauben. Denk doch daran, wir haben zwei kleine Kinder. Wir können doch nicht einen Mann unter unser Dach holen, der gerade einen Fabrikanten erpresst und mit dem Tod seiner Kinder gedroht hat. Eine hohe Geldsumme sollte dieser hinterlegen. Außerdem stand in den Erpresserbriefen, der Fabrikant könne schon die Särge für seine Kinder bestellen, wenn die Polizei eingeschaltet würde."

In Schlagzeilen war über diesen Fall in allen Zeitungen berichtet worden. Die Bevölkerung war aufs Höchste erregt. Die Familie des Fabrikanten wurde unter Polizeischutz gestellt. Eltern ließen ihre Kinder nicht mehr unbeaufsichtigt auf den Spielplatz. Zweimal war die Geldübergabe gescheitert. Beim dritten Mal hatte die Polizei einen Bauwagen auf das Feld gestellt, wo in der Nähe der Geldkoffer abgelegt worden war. Sie hatte eine elektrische Leitung vom Bauwagen bis zum Geldkoffer gelegt. Würde er berührt, dann schrillte im Bauwagen eine Klingel auf, und die Polizei war alarmiert. So geschah es denn auch in einer Nacht. Auf das Signal hin sprangen zwei Beamte aus dem Wagen und ließen Leuchtkugeln in die Luft hochgehen. Es wurde plötzlich taghell. Der Erpresser rannte wie ein Hase querfeldein durch die Wiesen und Felder, sprang über Weidezäune und warf sich jedes Mal sofort in den Schnee, wenn eine Leuchtkugel hochstieg. Wieder konnte er entkommen. Aber diesmal hatte er deutliche Spuren hinterlassen. An einer Hecke war der Mann hängen geblieben, und ein Stück aus dem Pullover war dabei herausgerissen worden. Außerdem konnte man seine Körpergröße auf Grund des Abdrucks im Schnee und auch das Profil seiner Stiefel erkennen. In einem kleinen Dorf verlief sich dann die Spur. Dort herrschte unter der Bevölkerung große Aufregung. Sollte der Verbrecher etwa aus ihrer Mitte kommen? Jeder männliche Dorfbewohner musste auf dem Bürgermeisteramt erscheinen. Schriftproben wurden genommen, und außerdem wurden Körperlänge und Schuhgröße der Bauern festgehalten. Ein junger Mann geriet in Verdacht, weil er überaus nervös war und versucht hatte, seine Unterschrift mit ungelenker Hand zu verstellen. Eine Hausdurchsuchung wurde angeordnet, und dabei entdeckte die Kripo den zerrissenen Pullover. Der Mann wurde festgenommen und in Handschellen abgeführt. In diesem Dorf herrschten Zorn, Wut und Empörung. Es kam zur Gerichtsverhandlung. Der Täter war geständig und wurde zu einer hohen Haftstrafe verurteilt. Man erlaubte ihm jedoch, da keine Fluchtgefahr bestand, noch die Ernte einzubringen und erst im Winter seine Strafe anzutreten.

In dieser Zeit zwischen der Gerichtsverhandlung und der Einweisung ins Zuchthaus sollte nun Axel zu uns in den Hausbibelkreis kommen. Ich war wirklich darüber entsetzt und bangte um unsere Kinder. Mein Mann beruhigte mich: „Lotte, wenn wir diesen straffällig gewordenen jungen Mann nicht aufnehmen, wo soll er dann hingehen? Hab keine Angst, wir wollen

Gott vertrauen." Ich lenkte ein, blieb aber sehr aufgeregt, als der Bibelkreis begann. Jeden Gummistiefel und jedes Spielzeug unserer Kinder räumte ich in den Keller. Es sollte so aussehen, als wären wir ein kinderloses Ehepaar.

Nie und nimmer hätte man hinter diesem groß gewachsenen, schönen, freundlichen Bauern einen Sträfling vermutet. Er fügte sich gut in den Kreis ein. Besonders gefiel ihm die Schar junger Mädchen, die zur Gitarre Jesuslieder sangen. Keiner ahnte, wer sich hinter unserem neuen Besucher, der sich mit Axel vorgestellt hatte, verbarg. Dies blieb unser Geheimnis. Jeden Donnerstag war er unser Gast. Wir luden ihn auch sonntags in unsere Familie ein, denn wir ahnten, ja wir wussten es, wie einsam und verachtet er in seinem Dorf leben musste. Die Menschen spuckten vor ihm aus, wenn sie ihm auf der Straße begegneten, oder sie beschimpften ihn mit hässlichen Worten: „Du Schuft, du Verbrecher, du Erpresser!"

Um unsere Kinder hatten wir schon lange keine Angst mehr, und Axel war gerne bei uns. Über seine Straftat sprachen wir nicht mit ihm. Das war sicher auch gut so; denn er musste erst mal mit sich selbst ins Reine kommen.

Aber dann kam der dritte Januar. Noch spät am Abend klopfte er an unsere Tür: „Morgen muss ich nach Kassel in den Zwehrener Weg." Die Einwohner von Kassel sagen scherzhaft: „Dies ist die längste Straße der Welt. Viele, die diesen Weg gegangen sind, kehrten nicht wieder zurück." Denn dort befand sich die Justizvollzugsanstalt. Axel war unheimlich bedrückt. Für einen jungen Bauern wie ihn, der die Natur und Freiheit liebte und in ihr bisher gelebt hatte, musste der Gedanke an eine enge, kahle Zelle unausstehlich sein. An diesem Abend sprachen wir zum ersten Mal offen über seine Schuld, redeten aber auch über Gottes großes Vergeben.

Axel berichtete uns: „Ich wollte mit dem Geld doch nur den Hof meines alten Onkels auf den neuesten Stand bringen. Alle Bauern in unserem Dorf hatten sich schon Trecker und andere moderne Maschinen angeschafft und die Pferde verkauft. Und wir wurstelten immer noch nach uralten Methoden auf den Feldern herum. Wir wurden zum Gespött der anderen Landwirte. Mein Onkel, bei dem ich schon seit meinem 14. Lebensjahr eine Bleibe gefunden habe, ging nie auf meine Vorschläge ein. Er ist ein alter Geizkragen. Noch nicht einmal in die Krankenversicherung zahlte er für mich ein, und keinen Pfennig Lohn ließ er mir zukommen. Fast zehn Jahre arbeite ich schon auf dem Hof, ohne einen Pfennig Geld dafür zu bekommen. Er vertröstet mich immer damit, dass ich ja einmal sein Erbe sein werde. Solange meine Tante noch lebte, war es noch einigermaßen erträglich. Aber seit ihrem Tod ist es mit dem Alten nicht mehr auszuhalten. Ich weiß, es war ein böses Vergehen, dass ich mit Hilfe eines Erpresserschreibens zu Geld kommen wollte. Aber dies sollte ja nur eine Drohung sein. Nie und nimmer hätte ich den Kindern des Fabrikanten etwas angetan. Wie konnte ich nur so naiv sein und töricht handeln? Jetzt bin ich als Verbrecher abgestempelt und werde einige meiner besten Jahre im Knast zubringen müssen. Ich war dumm, wirklich dumm.

Ihnen, Familie Bormuth, möchte ich danken, dass Sie mich liebevoll in Ihren Hauskreis aufgenommen haben. Zum ersten Mal habe ich hier von Gott gehört. Ich habe mir jetzt auch eine Bibel gekauft. Ich werde sie ins Gefängnis mitnehmen. So viel Zeit werde ich in meinem Leben nie wieder haben wie in Kassel. Danke! Danke!"

So, nun lagen die Karten offen auf dem Tisch. Wir standen für unseren schuldig gewordenen Freund ein. Ich schenkte ihm einen Bibelleseplan und zeigte ihm, wie er damit umgehen konnte. Außerdem versprachen wir, ihn regelmäßig im Gefängnis zu besuchen. Wir lasen an diesem Abend noch gemeinsam ein Gotteswort, beteten miteinander und verabschiedeten uns dann von unserem Freund.

Schon eine Woche später reisten wir nach Kassel und saßen ihm gegenüber. Ein Seelsorgeausweis verschaffte uns Zugang zu ihm, und im Büro des Gefängnispfarrers, einem Studienfreund meines Mannes, konnten wir ungestört mit ihm reden.

Ich erinnere mich noch genau an unser erstes Bibellesen. Es war der angegebene Tagestext von der Begegnung Jesu mit der Ehebrecherin in Johannes 8. Die Pharisäer schleppten eine Frau, die beim Ehebruch ertappt wurde, zu Jesus und verlangten, dass sie nach dem Gesetz gesteinigt würde. Jesus schwieg lange, sagte dann aber diesen bedeutungsvollen Satz: „Wer ohne Sünde ist, der werfe den ersten Stein." Tief beschämt machten sich die Pharisäer aus dem Staub. Jeder musste an seine eigene Schuld denken. Dann aber ging Jesus auf die Frau zu, richtete sie auf und sprach ihr diese wunderbaren Worte zu: „Frau, wo sind deine Verkläger? Hat dich niemand verdammt?"

„Herr, niemand", antwortete sie. Daraufhin sagte Jesus: „So verdamme ich dich auch nicht. Gehe hin und sündige hinfort nicht mehr!"

Das ist Jesu einzigartiges Handeln. Von Liebe und Erbarmen ist es geprägt.

Axel machte ich dann deutlich: „Im Grunde sitzen wir alle im gleichen Boot, und jeden von uns müsste das Verdammungsurteil Gottes treffen, ob er nun mit dem Bürgerlichen Gesetzbuch in Konflikt gekommen ist oder nicht. Aber das ist Jesu große Tat: Er verzeiht uns und rechnet uns unsere Sünde nicht an."

Dann beteten wir noch mit Axel, gaben ihm einige christliche Bücher, und am Automat der Anstalt zogen wir ihm noch eine Tafel Schokolade und ein Getränk. Über mehrere Jahre fuhren wir mindestens zweimal im Monat nach Kassel, und die Freude bei unserem Freund war jedes Mal groß. Seine Haftzeit dauerte deshalb so lange, weil er über die Saat- und Erntemonate Hafturlaub bekam, um die Felder zu bestellen und das Getreide in die Scheunen einzufahren.

Einmal fand im Juli in der Nähe seines Heimatortes eine Zeltmission statt. Wir fuhren dorthin und luden Axel zu dieser Veranstaltung ein. Nach einem Vortragsabend stand ich draußen vor dem Zelt an einen Baum gelehnt und sprach mit ihm: „Axel, es wäre jetzt an der Zeit, dass Sie Christus Ihr Leben anvertrauen."

Er schaute zu mir auf. „Frau Bormuth, wie kann ich es wagen, zu Gott zu kommen? Sie wissen doch, was ich getan habe."

Da erinnerte ich ihn wieder an Jesu große Tat der Vergebung und bat ihn, den Schritt über die Linie zu Christus hin zu wagen.

Er willigte ein, und ich begleitete ihn bis zum Verkündiger ins Zelt zurück. Ein langes seelsorgerliches Gespräch folgte. Dieser Abend wurde für Axel zu seinem schönsten Erlebnis. Er bekannte seine Schuld vor Gott und wurde ein innerlich erneuerter Mensch. Dankbar drückte er mir die Hand.

Nach seiner Entlassung aus der Haft ging er auf den Hof des Onkels zurück. Aber die Begegnung mit den anderen Dorfbewohnern wurde für ihn zu einem Spießrutenlaufen. Auch sein Onkel hatte sich in keiner Weise zum Guten hin verändert. Im Stall standen immer noch die Pferde, und die verrosteten Gerätschaften Egge, Pflug und Sämaschine lagen bei Wind und Wetter draußen hinter der Scheune.

Eines Tages erhielt ich einen Brief, den Axel aus Düsseldorf geschrieben hatte. Darin teilte er mir mit, dass er den Entschluss gefasst hätte, seinen Heimatort zu verlassen und von Hamburg aus zur See zu fahren. Für mich bedeutete diese Nachricht Alarmstufe eins. Ich zögerte nicht lange und rief eine Diakonisse an, die in dieser Stadt ihren Dienst tat: „Schwester Ingrid, nehmen Sie sich auf meine Kosten ein Taxi und fahren Sie in die Goethestraße zu einem Mann namens Axel. Machen Sie ihm unmissverständlich klar, dass er sofort zu Familie Bormuth nach Marburg kommen möchte. Er würde dringend erwartet. Kaufen Sie ihm eine Fahrkarte und setzen Sie ihn in den nächsten Zug. Ihre Auslagen erstatten wir Ihnen später."

Noch am gleichen Abend stand Axel mit seinem Rucksack vor unserer Tür. Ich deckte ihm erst einmal den Tisch und richtete ihm ein Bett. Am nächsten Morgen besprachen wir, wie es mit ihm weitergehen sollte. Wir schlugen ihm vor, dass er zunächst bei uns bleiben sollte, bis wir für ihn eine Arbeitsstelle gefunden hätten. In der Zwischenzeit würde ich ihn erst einmal neu einkleiden. Dies war überhaupt nicht schwer; denn wir hatten Freunde, die uns mit gut erhaltener Kleidung aushalfen. „Fast sehe ich nicht mehr so aus wie ein Bauer, sondern mehr wie ein Professor", lachte er, als er sich mit seinen neuen Kleidern im Spiegel betrachtete. Was wäre aus diesem zarten Glaubenspflänzlein geworden, wenn ihm der raue Wind des Seemannslebens entgegengeblasen hätte? Meine Angst war berechtigt.

Schon nach acht Tagen hatte ich auf einem Gut in unserer Nähe eine Stelle für ihn gefunden. In einer netten Hausgemeinschaft fand er eine freundliche Bleibe und gute Versorgung zugleich. Die Arbeit machte ihm Spaß, und er fühlte sich zum ersten Mal in seinem Leben anerkannt und geachtet.

Eines Tages besuchte er mich und besprach mit mir, ob er nicht seinen Meister in der Landwirtschaft machen sollte. Ich ermunterte ihn dazu, fügte aber zugleich an, dass er auch bis zum Schluss durchhalten müsste, wenn er diese nicht geringen Strapazen auf sich nehmen würde.

Zuerst war er begeistert und nutzte jede freie Minute zum Lernen. Klug war er. Aber dann stellte sich mit der Zeit doch eine gewisse Lustlosigkeit ein. Ich versuchte dem entgegenzuwirken, indem ich ihn bat, an seinen freien Tagen zu uns zu kommen und gemeinsam mit mir zu lernen. Mir kam zugute, dass ich aus der Landwirtschaft stamme und Bauernblut in meinen Adern habe. Außerdem hatte ich viel von meinem Vater gelernt, der Professor für Landwirtschaft war. Natürlich hätte ich meine Zeit auch mit angenehmeren, leichteren Dingen zubringen können, als mich mit Fruchtfolge, Schweinemast und Düngeproblemen auseinander zu setzen. Aber ich hatte es mir zum Ziel gesetzt, ihn bis zum Landwirtschaftsmeister zu bringen. Mir machte mit der Zeit das Lernen sogar Spaß. Gemeinsam gingen wir im Buch die angegebenen Lektionen durch, und mein

Mann beschaffte uns noch zusätzlich Bücher aus der Bibliothek. Fleißiges Lernen war nun angesagt. Axel bestand seine Prüfung, und an dem Tage, als er mir sein Diplom zeigte, war mir zumute, als hätte ich selbst den Landwirtschaftsmeister geschafft. In der Familie feierten wir sein gutes Examen.

An einem Januarmorgen rief mich Axel an, ich solle unbedingt mit meinem Mann am Abend zu ihm kommen. Den Anlass seiner Einladung verriet er mir nicht. Axel hatte Kaffee gekocht und Kuchen gekauft. „Heute wollen wir ein Fest feiern." Etwas fragend schauten wir ihn an. „Seit dem 1. Januar ist meine Straftat getilgt und aus dem polizeilichen Führungszeugnis gestrichen. Sollte ich mich irgendwo um eine neue Stelle bemühen, könnte ich ohne Bedenken mein polizeiliches Führungszeugnis vorzeigen. Ich bin frei, wirklich frei!"

In dieser Nacht konnte ich lange keinen Schlaf finden. Ich ging in meinen Gedanken all die Jahre zurück bis an den Abend, als Axel zum ersten Mal in unseren Hauskreis gekommen war. Ich dankte Gott, dass er ihn in seine Gemeinschaft geführt und bis dahin in seiner Nähe gehalten hatte. Wenn der Herr die Fesseln der Sünde sprengt, dann müssen sie fallen. Wir dürfen tief durchatmen und die Nähe Jesu erleben. In tiefer, bewegter Ergriffenheit können wir darüber nur staunen. Es geht uns wie Petrus, der ausrief: „Herr, wohin sollen wir gehen? Du hast Worte des ewigen Lebens, und wir haben erkannt und geglaubt, dass du bist Christus, der Sohn des lebendigen Gottes." Gibt es etwas Größeres, als in der Gemeinschaft mit dem gewaltigen Gott leben zu können?

Es folgte nun die Zeit, in der Axel den Rücken frei hatte und er sich unter den Schönen des Landes umschaute. Hatte er ein junges Mädchen im Visier, dann bat er mich, einen Kaffeetisch mit Kuchen und Torten zu richten. Er wollte mit seiner angehenden Freundin vorbeikommen, und ich sollte beurteilen, ob sie auch zu ihm passe. Zweimal musste ich Torten backen, ohne dass die Begegnung zu einem Ziel geführt hätte. Als er dann Christina kennen lernte, fragte er nicht, ob mir diese junge Frau gefiele. Er machte Nägel mit Köpfen, verliebte sich in sie, und die beiden heirateten. Mein Mann nahm an der Hochzeit teil und hielt eine

Rede. Zwei Kinder wurden ihnen in einer glücklichen Ehe geschenkt.

An einem Abend besuchten wir Axel. In seinem Ort fand gerade eine Veranstaltung von ProChrist statt. Er führte mich nach vorne in den Saal und zeigte auf zwei Posaunenbläser, einen Jungen und ein Mädchen. „Das sind meine Kinder", strahlte er über das ganze Gesicht. Mir wurde es warm ums Herz. In Axel hatten wir einen guten Freund gefunden. Er stand zu uns, wenn wir ihn brauchten.

Einmal hatten wir in unserem Keller ein verstopftes Abflussrohr. Das Wasser stand zentimeterhoch auf dem Fußboden, und es roch schrecklich im Haus. Mein Mann war gerade dienstlich unterwegs, und ich fühlte mich recht hilflos in dieser Situation. Ich rief Axel an, und schon eine Dreiviertelstunde später stand er vor unserer Tür. In der Hand hielt er eine Spirale, mit der er das verstopfte Rohr durchstoßen wollte. Er musste sich mächtig anstrengen, aber nach zwei Stunden kam er mit seiner Erfolgsmeldung zu mir in die Küche: „Das Wasser fließt wieder ab." Watte hatte sich im Rohr verfangen. Als ich ihm einen Geldschein zustecken wollte, nahm er ihn nicht an. „Frau Bormuth, wollen Sie mich beleidigen?"

Bis heute sind wir mit Axel und seiner Familie verbunden, und ich danke Gott für diese Freundschaft. Diese positive Entwicklung nach seiner schweren Straftat hat mich ermutigt, nie nein zu sagen, wenn mich Menschen um Hilfe baten. Oftmals scheiterte ich auch in meinem Bemühen, und es gab Menschen, denen ich nicht helfen konnte.

Aber die Zahl der Erfolge war größer. So könnte ich Seite um Seite füllen und erzählen, wie Menschen bei Gott Heimat und Geborgenheit gefunden haben.

Die Berufung ins Diakonissenmutterhaus

Fünfeinhalb wunderschöne Jahre haben wir in Bad Arolsen, dieser idyllisch gelegenen kleinen Stadt mit ihren herrlichen Alleen und dem Schloss der Fürsten zu Waldeck, erlebt. In dieser Zeit wurden uns zwei Kinder geschenkt, und wir waren eine dankbare, glückliche Familie. Wir hatten in Bad Arolsen eine lebendige, christliche Gemeinde gefunden und auch viele Freunde in den umliegenden Orten des Waldecker Landes, in denen mein Mann Bibelstunden und Predigten hielt. Nie hätten wir mit dem Gedanken geliebäugelt, aus dieser wunderschönen Stadt wegzuziehen.

Dann aber erreichte uns eines Tages die Berufung meines Mannes in den vollzeitlichen Dienst im Deutschen Gemeinschafts-Diakonieverband, und zwar in das Mutterhaus Hebron in Marburg-Wehrda. Mein Mann sagte dem Schuldienst nicht leichten Herzens ade. Mein Vater war darüber empört: „Wie könnt ihr hier weggehen! Karl-Heinz ist Beamter auf Lebenszeit. Solch eine Stellung gibt man nicht einfach auf und geht zu Diakonissen, die doch im Aussterben begriffen sind." An der Stelle mussten wir uns Vater widersetzen; denn wir wollten Gott gehorsam sein und seinem Ruf folgen, koste es, was es wolle. Zum 1.4.1964 siedelten wir nach Marburg um. Die Kinder trauerten Bad Arolsen nach, da sie ihr Spielparadies und alle ihre Freunde zurücklassen mussten. Wehmütig dachten sie an die wunderbaren Bad Arolser Alleen, in denen sie so ungestört über viele Kilometer mit ihren Rädchen hatten fahren können. Wie oft hatte ich dort mit ihnen auf der Bank gesessen und ihnen aus Bilderbüchern vorgelesen. Wenn der Herbst kam und die bunten Blätter von den Bäumen fielen, dann tobten sie darin herum und schaufelten Berge von Laub zusammen. Das war immer ein wahres Vergnügen. Sie würden auch die Besuche bei Familie Brost – Frau Brost stammte auch aus meinem Heimatort Sofiental in Bessarabien – vermissen, wo es immer guten Kaffee und Kuchen gab. Wie manches Mal haben wir von dort aus den Reitturnieren zugesehen, wenn die Pferde über die Hindernisse sprangen. Ich liebe Pferde über alles und bin früher selbst geritten. Hinter Brosts Garten war nämlich ein großer, freier Platz, auf dem jedes Jahr im August neben dem Reitturnier auch der Arolser Viehmarkt mit seinen vielen Buden und Karussells stattfand. Das war immer ein Festtag für die Kinder, weil Papa ihnen Popcorn, Eis und Zuckerwatte kaufte. Wenn wir an den Ständen einen Luftballon geschenkt bekamen, überfiel mich jedes Mal die Angst, ob wir ihn auch heil nach Hause bringen würden. Meist zerplatzte er im Gewühl der vielen Besucher oder entriss sich ihren Kinderhändchen. Dann setzte das laute Geschrei ein, warum nun der bunte Luftballon in die Wolken flog.

Aber alles Schöne hat einmal ein Ende, und auch mir fiel der Abschied von Bad Arolsen nicht ganz leicht. Aber ich hatte ein volles Ja für die Berufung meines Mannes in den vollzeitlichen Dienst. Als ich die Tür unseres Hauses zum letzten Mal zuschloss, wollte mich Wehmut überfallen. Entschlossen stieg ich ins Auto und sagte mir im Stillen: „Herr, ich danke dir für den Reichtum und das frohe Erleben in der Vergangenheit. Jetzt will ich erwartungsvoll meinen Blick nach vorne richten. Wie gut, dass du mich mit meiner Familie auf allen Wegen begleitest."

Vom eigenen Haus zogen wir in eine Dienstwohnung. Sie war wunderschön hergerichtet und hatte zudem noch einen Garten mit einem herrlichen Sandplatz. Bis der Möbelwagen kam, blieben wir im Mutterhaus. Die Schwestern hatten uns liebevoll ein Zimmer hergerichtet. Ein Strauß Blumen stand auf dem Tisch, Obst und Fruchtsäfte auf dem Teewagen. Unsere zwei Großen waren außer Rand und Band von all dem neuen Erleben. Sie stürzten sich gleich auf Äpfel und Orangen, so als hätten sie noch nie etwas zu essen bekommen. Dabei fiel die Saftflasche um, und der Sprudel ergoss sich über den Teppich. Matthias war gerade im Krabbelalter. Nichts war vor ihm sicher. Er zog an Kabel und Tischdecken und hatte sich die Stehlampe zum Spielzeug erkoren. Ich war dem ausgelassenen Treiben hilflos ausgeliefert und beschloss, unsere wilden Rangen schnellstens ins Bett zu bringen. Aber da gingen das Geschrei und der Tumult erst richtig los. Gottfried war auf die Idee verfallen, Seesturm und Pirat zu spielen. Die großen und kleinen Kissen dienten als Wurfgeschosse. Das schöne Zimmer glich nach nur einer Stunde einem wüsten Schlachtfeld. So etwas hatten die lieben Diakonissen in ihren geheiligten Hallen wohl noch nicht erlebt. Mir war ganz elend zumute, und ich machte mir Vorwürfe, warum ich kein Spielzeug mitgebracht hatte. Aber gerade in diesem Augenblick klopfte es an die Tür. Schwester Frieda Lange, eine der leitenden Schwestern, wie ich später erfuhr, muss wohl der Herr Jesus selbst auf den Weg gebracht haben, um mir beizustehen. Mein Stoßgebet war schnell erhört worden. Sie kam, sah und siegte. Sie nahm Anne-Ruth und Gottfried an die Hand und schlug ihnen vor: „Kinder, wir gehen mal in die Küche." Dieses Angebot wurde mit viel Hallo begrüßt, und ich konnte erst einmal tief durchatmen. Ruhe kehrte ein, so dass ich Matthias zum Schlafen bringen und ein wenig Ordnung schaffen konnte.

Arme Schwester Frieda! Auf was hatte sie sich da eingelassen! Gottfried war von den langen Gängen im Mutterhaus fasziniert. Er nahm Anlauf, sauste los, ließ sich plötzlich auf die Knie fallen und rutschte so meterweit auf dem blank gebohnerten Fußboden. In der Küche gab es ein großes Staunen. Es wurden gerade Waffeln gebacken. „Tausende von Waffeln, so viele Waffeln, nichts als Waffeln! Gibt es im Mutterhaus immer so viele Waffeln?", staunten die beiden. Die Küchenschwestern hatten ihren Spaß an unseren lebhaften Rangen. Als die beiden nach einer Stunde wieder bei mir erschienen, hatten sie sich auf den langen Fluren ausgetobt und waren satt von den herrlichen Waffeln. Ich aber war noch lange mit dem Gedanken beschäftigt, was wohl die Schwestern gedacht haben mögen, welch unmögliche Familie sie sich zur Mitarbeit in ihr Mutterhaus an Land gezogen hätten. Schuldgefühle stiegen in mir auf. Als mein Mann gegen Abend mit dem Möbelwagen eintraf, war dies mein erstes Wort: „Karl-Heinz, bring uns schnellstens in die neue Wohnung, auch wenn sie noch ganz leer ist. Wir schlafen auch auf dem Fußboden. Mir tun die armen Schwestern leid und du dazu. Wir haben einen denkbar schlechten Eindruck im Mutterhaus hinterlassen. Ich konnte es nicht ändern, denn die Kinder waren übermüdet und von den vielen neuen Eindrücken wie von der Tarantel gestochen. Der Umzug hat sie zu sehr in Unruhe versetzt."

Mein Mann beruhigte mich: „Reg dich nur nicht auf! Jetzt kann alles nur besser werden. So wie ich die Schwestern kenne, werden sie viel Verständnis für lebhafte Kinder haben. In weiser Voraussicht habe ich die Betten und Matratzen ganz zuletzt aufladen lassen. Im Nu werden wir uns eine Lagerstatt einrichten."

So schliefen wir gleich die erste Nacht im Oberweg 19. Schwester Frieda, wurde aber von unseren Kindern sehr geliebt. Sie hat ihnen nicht nur Waffeln geschenkt, sondern auch Bonbons und Schokolade und dazu ihr ganzes liebendes Herz. Über mehrere Jahre hat sie unsere Familie treu umbetet. Nun ist sie schon lange beim Herrn in der oberen Welt. Ob sie wohl vom Himmel herniedersieht und sich freut, dass ihre Flurläufer und wilden Piraten den Weg des Glaubens gehen und Boten Jesu Christi geworden sind?

Unsere neue Behausung war wunderschön, aber sie hatte einen Nachteil: Wir wohnten nun nicht mehr allein im Haus. Im Miteinander mit den anderen Hausbewohnern kam es öfter zu Konflikten mit den Kindern. Inzwischen war Nummer vier geboren worden. Vor allen Dingen vertrug sich Matthias nicht immer mit seiner gleichaltrigen Freundin, der zart besaiteten Silke, die über uns wohnte. Mal spielten sie fröhlich miteinander und waren unzertrennlich, dann aber gerieten sie wegen eines lumpigen Bausteins in Streit. Bei einer solchen Gelegenheit hat Matthias Silke gekratzt und sie sogar in die Hand gebissen. Ich war darüber entsetzt. In solch einer Situation schweigen Mütter natürlich nicht. Es kam zu Differenzen, denn wenn Löwen ihre Jungen verteidigen, wedeln sie auch nicht nur mit dem Schwanz. Ich konnte Silkes Mutter verstehen. Mehr als mich für das Verhalten meines Sohnes zu entschuldigen, konnte ich nicht tun. In stillen Stunden dachte ich dann: „Ach, wären wir doch bloß in Bad Arolsen geblieben!" Ich geriet in Gefahr, die Freude an der Berufung meines Mannes für Gott zu verlieren. Anstatt mich dem Heute zu stellen, schwelgte ich in meinen Gedanken in der Vergangenheit: Wie war das doch in Bad Arolsen so schön!

Aber Gott stellte sich mir kräftig in den Weg. Das Lesen der Bibel am frühen Morgen, die Gemeinschaft mit anderen Christen, die Gebetsstunden, der verständnisvolle

Zuspruch und die Zurechtweisung meines Seelsorgers waren wirkungsvolle Mittel, um mich aus dem Selbstmitleid und den Träumereien wieder auf die rechte Spur zurückzuholen. „Es sind die kleinen Füchse, die den Weinberg verderben", heißt es in der Bibel. Dieser Wahrheit des Alten Testaments musste ich Recht geben. So bin ich – Gott sei Dank – nicht bei den kleinen Plänkeleien und Streitigkeiten wegen der Kinder hängengeblieben, sondern habe mich immer wieder ausgesöhnt. Heute ist das kleine Mädchen vom Oberweg 19 eine tüchtige Pfarrfrau. Die Freundschaft zwischen Silke und Matthias ist über viele Jahre erhalten geblieben. Sie haben zusammen studiert und Matthias hat sogar an Silkes Hochzeit teilgenommen. Im Blick auf ihre kleinen Streitereien von damals konnten sie scherzhaft sagen: „Wie konnten wir uns früher nur so oft zanken! Vielleicht verstehen wir uns deshalb heute so gut, weil wir unsere Konflikte schon im Sandkasten ausgetragen haben."

Die Schulzeit beginnt

In Marburg begann für Anne-Ruth und Gottfried ein neuer Lebensabschnitt: Sie wurden eingeschult. Anne-Ruth ging sehr ordentlich mit ihren Büchern und Heften um und arbeitete konzentriert für den Unterricht. Gottfried war zwar hoch begabt, lernte aber nur dann, wenn es ihm Spaß machte. Manchmal musste ich ihm sogar den Ranzen nachtragen. Ihn faszinierte ein Bächlein in der Nähe mehr als das ABC des Schulalltags. Oft vergaß er darüber auch das Heimkommen, und ich machte mir Sorgen, wo denn das I-Männchen geblieben sei. „Mama, Mama, die Kinder haben mich auf dem Weg aufgehalten", entschuldigte er sein Tun. Gewiss, dies stimmte, denn er war nicht der Einzige, der von diesem Bächlein angezogen wurde.

Von da an war es nun über viele Jahre meine Hauptbeschäftigung, mich nachmittags um die Hausaufgabenbetreuung meiner Kinder zu kümmern. Diese Aufgabe wurde besonders in der Zeit erschwert, als durch die Umstellung des Schuljahrbeginns Kurzschuljahre eingeführt wurden. Was die Lehrer aus Zeitmangel nicht schafften, mussten die Eltern nachholen. Und bei Kindern und Eltern floss so manche Träne. Bürokraten, die keine Ahnung von Kindererziehung haben, müssen eine solche Umstellung des Schuljahrbeginns vom Frühjahr auf den Herbst beschlossen haben.

Das erste Diktat, das Gottfried in einem solchen Kurzschuljahr schreiben musste, wurde für Mutter und Sohn zu einem Fiasko. Dreizehn Mal habe ich die schweren Worte mit ihm üben müssen. Immer wieder füllten wir die Zeilen mit „Tannenspitzen, Weihnachtsbaum, Wunderkerzen, Christkind und Lametta". So sehr wir uns auch mühten, es schlich sich doch immer wieder der Fehlerteufel ein. Als die Lehrerin Gottfried das Diktatheft mit der Note drei minus aushändigte, riss er vor ihren Augen die Seite heraus, zerknüllte sie und warf sie in die Ecke. Mit einer so schlechten Note hatte er bei seinem großen Fleiß und Arbeitsaufwand nicht gerechnet. Die Lehrerin war schockiert und rief mich am Nachmittag an. Ihre Beschwerde stieß bei mir auf taube Ohren. Es ist ein Unding, wenn ein Schulanfänger nach nur sieben Monaten Unterricht ein solch schweres Diktat schreiben soll. Nach einem längeren Gespräch gab sie mir sogar Recht. Die Rechtschreibung blieb über Jahre Gottfrieds und auch mein Problem. Seitenweise haben wir Diktate geschrieben. Im Gymnasium hatte Gottfried einen sehr verständnisvollen Deutschlehrer. Als ich ihn mal um Rat fragte, wie viele Diktate ich denn noch üben sollte, winkte er energisch ab: „Frau Bormuth, hören Sie bloß auf, Ihren Jungen mit Diktaten zu Hause zu quälen. Sie vermiesen ihm damit die Freude am Lernen. Sorgen Sie dafür, dass Ihr Sohn gute Bücher in die Hände bekommt. Durchs Lesen wird die Rechtschreibschwäche mit der Zeit ausgemerzt." Vollständig ist das aber nie gelungen.

Jahre später ergab sich ein Erlebnis zum Schmunzeln. Nach dem Abitur stellte Gottfried beim Kreiswehrersatzamt einen Antrag auf Kriegsdienstverweigerung. Er begründete dies vor allem mit seiner Überzeugung als Christ. Als der Offizier dann mit ihm ein Gespräch über seine christliche Haltung führte, meinte er: „Sie haben ja sehr gute Gründe angeführt, die ich auch akzeptieren kann. Aber dass Sie als Abiturient Bibel mit ‚ie‘ schreiben, verstehe ich nicht. Was sagt denn Ihr Vater als Theologe dazu?"

Gottfrieds Antwort war treffend: „Meiner Mutter habe ich mit meiner Rechtschreibung auch schon Kummer bereitet. Aber ist dies denn so wichtig, ob ich Bibel mit ‚i‘ oder ‚ie‘ schreibe? Die Hauptsache ist, ich lese darin und glaube an ihre Botschaft. So denkt auch mein Vater."

Mit dieser Antwort gab sich der Prüfer zufrieden.

Auch in Mathematik musste ich meinen Kindern helfen. Dieses Fach war für mich schon während meiner Schulzeit ein Problem. Eines Tages bat mich meine Tochter, eine schwere Zinseszinsaufgabe mit ihr zu lösen. Am nächsten Tag kam sie nach Hause und klagte: „Mama, heute hat mich der Lehrer so richtig zusammengestaucht. Er hat mich heftig angeschrien, wie ich nur so dumm sein könnte. Die Aufgabe stimme hinten und vorne nicht und sei schon im Ansatz falsch. Mama, ich habe Herrn Müller nicht gesagt, dass du die Aufgabe gerechnet hast."

Mir blieb nur ein Schmunzeln. Oder hätte

ich mich darüber ärgern sollen? Mathematik ist und bleibt nun mal meine Schwachstelle. Dieses Fach hat mir mein Abiturzeugnis kräftig versaut. In Sprachen war ich gut, aber in Naturwissenschaften ein Versager. Was ich in solchen prekären Situationen über meinen Mann dachte, will ich nur andeuten: *Sind das eigentlich nur meine Kinder oder sind es nicht vielmehr unsere Kinder? Müsste sich mein Mann nicht auch um die Aufzucht unseres Nachwuchses kümmern?* Es verdross mich besonders, dass mein Mann einige Semester Mathematik studiert hatte. Eine Zinsaufgabe oder eine Gleichung mit zwei Unbekannten hätte er im Handumdrehen lösen können, ich aber quälte mich damit herum.

Griechisch als vierte Fremdsprache

Zu einer besonderen Klippe wurde für unseren Sohn der Griechischunterricht. Mein Mann hatte das altsprachliche Gymnasium Philippinum in Marburg besucht. Unsere Kinder gingen zur gleichen Schule. Vom 9. Schuljahr an wurde dort auch Griechisch angeboten. Meine Tochter war begeistert von dieser neuen Sprache, aber Gottfried waren die zusätzlichen sechs Stunden in der Woche zu viel. Viel lieber hätte er sich auf dem Fußballplatz getummelt. Doch alle unsere Kinder sollten diese alte Sprache lernen, darauf bestand mein Mann.

Gottfried war clever, suchte nach einem Ausweg und dachte: *Wenn ich mich dem Griechischunterricht verweigere und schlechte Noten schreibe, nehmen mich meine Eltern bestimmt wieder in die alte Klasse zurück.* Aber an dem Punkt blieben wir standhaft und sagten klipp und klar: „Bleibst du in diesem Schuljahr hängen, musst du die Klasse wiederholen."

Diese Mahnung schlug wie eine Bombe

bei ihm ein. Sitzen bleiben wollte er auf keinen Fall. Er setzte sich auf den Hosenboden und lernte wie nie zuvor in seinem Leben. Die nächsten Arbeiten wurden daraufhin sehr gut benotet. Darauf sagte sein Lehrer: „Gottfried, ich verstehe dich nicht. Mal schreibst du drei Fünfen hintereinander und dann wieder zwei Einser."

Gottfried lachte nur und freute sich über seine guten Resultate. Als er nach fünf Jahren Griechischunterricht sein Abitur in Händen hielt, war er überaus glücklich. Das bestandene Graecum erleichterte ihm den Beginn seines Theologiestudiums. Im Nachhinein war er für die unnachgiebige Haltung seiner Eltern dankbar.

Der nächste Umzug

Der Deutsche Gemeinschafts-Diakonieverband ist ein großes, weit verzweigtes Werk. Zu seinen elf Diakonissenmutterhäusern im In- und Ausland gehören Schulen, Krankenhäuser, Sanatorien, Altenheime, Buchhandlungen und Missionseinrichtungen. Da der Staat in den sechziger Jahren forderte, dass die Unterrichtsschwestern eine gründliche staatlich anerkannte Ausbildung erhalten sollten, wurde mein Mann beauftragt, zu diesem Zweck in Marburg eine Krankenpflegehochschule zu gründen. Außerdem sollte er dem Direktor des Gesamtwerkes zur Hand gehen. Damit wurde 1968 wieder ein Umzug fällig.

Wir verließen unsere Wohnung in Wehrda und zogen nach Marburg in die Stresemannstraße, wo sich die Hauptverwaltung des DGD befand. Die neue Wohnung war wieder herrlich und vor allen Dingen wunderbar groß. Sehr bald fanden unsere Kinder neue Freunde, und es herrschte ein lustiges, frohes Treiben in Haus und Garten. Nur wenn ich nicht zu Hause war, sollten keine fremden

Kinder mitgebracht werden. Einmal kam ich von der Frauenstunde am Nachmittag zurück und hörte schon von weitem lauten Kinderjubel. Als ich unsere Tür öffnete, kam mir unsere Tochter schon entgegen: „Mama, schimpf bitte nicht. Draußen fing es an zu regnen, deshalb mussten wir hier drinnen unser Spiel ‚Räuber und Gendarm‘ fortsetzen."

In der Wohnung sah es aus wie bei Hempels unter dem Sofa. Angela steckte in der Bettenkiste, Christoph saß auf dem Kleiderschrank, und Julia hatte sich hinter dem Regal in der Speisekammer versteckt. Die Rasselbande wollte ihr Spiel genießen, ich aber war davon überhaupt nicht erbaut. Trotzdem wollte ich sie nicht in ihrem frohen Treiben stören und bat sie nur, etwas leiser zu sein und Klavier und Schreibtisch zu verschonen.

Gute Freunde sind für Kinder ungemein wichtig. Nie kommt dann bei ihnen Langeweile auf, sondern sie werden zu immer neuen Spielideen angeregt.

In der Etage unter uns wohnten Missionarsfamilien, die ihren Heimaturlaub in Deutschland verbrachten. Sie kamen aus Japan, Thailand und Formosa. Dadurch wurden unsere vier zu ganz neuen Spielarten angeregt. Im Garten standen drei sehr hohe Kiefern. Eines Tages schaute ich wie zufällig aus dem Fenster und entdeckte vier Jungen in den Wipfeln dieser Bäume. Sie waren in Thailand geboren und hatten dort das Klettern gelernt. Schnell und geschickt wie kleine Äffchen kletterten sie in den Ästen herum. Meine Kinder standen unter den Bäumen und füllten eilig Tannennadeln und Erde in Plastiktüten, die dann an einem langen Seil hochgezogen wurden. Mit voller Wucht warfen die Kletterer die Tüten herunter. Sie platzten auf, und eine Wolke von Staub breitete sich im Garten aus.

Nebenan auf dem Wäschetrockenplatz hingen die weißen Gardinen der Schwestern. Ich hielt den Atem an und lief blitzschnell die Treppe hinunter, um dem abenteuerlichen Spiel ein Ende zu bereiten. Zum Glück wehte der Wind gerade aus der anderen Richtung, so dass die Vorhänge weitgehend verschont blieben. Ich hörte noch, wie die Jungen aus den Bäumen ihren Freunden unten zuriefen: „Eure Mutter muss uns auch alles verbieten! Jetzt dürfen wir noch nicht einmal unsere Staubbomben werfen."

Von den Missionarskinder lernten unsere Kinder, dass man Kaulquappen, Würmer und Käfer essen kann. Mich schauderte es bei diesem Gedanken. Manchmal tummelten sich bis zu fünfzehn Kinder im Garten. Ich hörte einmal, wie zwei Damen auf der Straße stehen blieben, dem munteren Spiel zuschauten und eine von ihnen sagte: „Hier ist das neue Kinderheim."

In diesem Haus entwickelten sich Freundschaften, die über viele Jahre andauerten. Als wir den fünfzigsten Geburtstag meines Mannes feierten, bedankten sich unsere Kinder besonders dafür, dass unser Haus auch immer für ihre Freunde offen war.

Ein idyllisches Häuschen in Cappel

Aber eines Tages entschlossen wir uns, diese herrliche Wohnung aufzugeben und uns ein Eigenheim zu kaufen. Den Anlass dazu lieferte eine unfreundliche Nachbarin.

An einem lauen, sonnigen Frühlingstag saß ich mit meinem Flickkorb im Garten. Unser Sechsjähriger spielte mit seinem kleinen roten Auto und ahmte die Fahrgeräusche nach. Plötzlich riss Frau Müller, so will ich sie hier nennen, ihr Fenster auf und goss einen ganzen Eimer Wasser über meinen Sohn. Matthias erschrak, schrie laut: „Mama, Mama" und kam mir in die Arme gerannt.

Als die Nachbarin mich erblickte, meinte sie entschuldigend: „Ich wollte doch nur meine Blumen auf der Fensterbank gießen." Ich fühlte mich durch diesen Vorfall tief verletzt. An keiner Stelle sind Mütter so empfindlich wie da, wo es um ihre Kinder geht. Ich eilte die Treppe hoch, lief in mein Schlafzimmer und weinte bitterlich. Als mein Mann am Abend von der Arbeit kam, erzählte ich ihm von dem Vorfall und bestürmte ihn mit der

Bitte: „Karl-Heinz, lass uns nicht länger in dieser Wohnung bleiben. Wir müssen ausziehen. Wir werden Frau Müller nicht ändern können. Sie bringt kein Verständnis für Kinder auf."

Von da an bemühten wir uns, wieder zu einem eigenen Haus zu kommen. Einige Monate später ergab sich die Möglichkeit, im Stadtteil Cappel ein kleines Holzfertighaus zu kaufen. Eigentlich war der Wohnraum zu knapp bemessen für unsere große Familie. Aber uns gefiel das herrliche Grundstück von 1200 Quadratmetern. Unser Vorgänger hatte neben dem Haus einen Sandplatz mit Wippe, Schaukel und Karussell angelegt. Daneben lag das Gartenland und dazu noch ein großer Rasenplatz, der von Obstbäumen, Birken, Kiefern und Ziersträuchern umrandet war. Als unsere Kinder dieses Paradies sahen, brachen sie in Jubel aus: „Papa, das musst du unbedingt kaufen!"

Von nun an wurde Fußball hinter unserem Haus gespielt. Das hatte noch den Vorteil, dass wir fast nie den Rasen mähen mussten und unsere Söhne Dribbelkünstler wurden. Gewiss, wir mussten uns räumlich einschränken. Das Wohnzimmer war zugleich auch das Arbeitszimmer meines Mannes. Aber da er Frühaufsteher ist, konnte er morgens dort arbeiten, wenn es im Haus noch ganz still war. Tagsüber war er sowieso in seinem Dienstzimmer oder gab in einem der Institute Unterricht. Hier in Cappel sagte sich unser fünftes Kind, ein Nachkömmling, an.

Als ich eines Tages die Wiege im Wohnzimmer aufstellte, reagierte mein Mann ärgerlich und brummte vor sich hin: „So, jetzt kann ich meinen Schreibtisch verkaufen."

Sicher war es etwas ungeschickt von mir, gerade in diesem Raum die Wiege zu präsentieren, aber ich freute mich so sehr auf unseren Nachzügler, dass ich schon zwei Monate vor der Geburt die Wiege herrichtete und sie als Schmuckstück ins Wohnzimmer stellte. Das Baby aber bekam später seinen Platz in unserem Schlafzimmer.

Daniel wird geboren

Am 5. Februar 1973 war es dann so weit, dass Daniel das Licht der Welt erblickte. Die „family" war darüber sehr beglückt. Als mein Mann die Kinder beim Wecken mit der Nachricht überraschte, dass sie in der Nacht einen kleinen Bruder bekommen hätten, brachen sie in Jubel aus und vollführten Freudensprünge in ihren Betten. Schon sehr früh riefen sie Oma und Opa, Freunde und Bekannte an und riefen laut in den Hörer: „Wir haben ein Baby, ein wunderschönes Baby, einen kleinen Bruder!"

Meine Eltern reisten sofort an und übernahmen die Versorgung der Familie, während ich mich im Krankenhaus von den Strapazen der Geburt erholen konnte. Als ich dann entlassen wurde, gab es einen triumphalen Empfang, und Gottfried bettelte: „Mama, erlaube mir doch bitte, dass ich meinen kleinen Bruder einmal in die Schule mitnehmen darf. Ich will ihn meinen Lehrern und Schulkameraden zeigen."

Natürlich konnte ich seinen Wunsch nicht erfüllen. Aber über die wunderbare Gabe dieses Kindes konnten wir als Familie nur staunen. Ich liebe den Bibelvers, den meine Mutter jedes Mal zitierte, wenn wieder ein Enkel geboren war: „Kinder sind eine Gabe Gottes, und Leibesfrucht ist ein Geschenk." Von ihrem Sparbuch hob sie dann immer einen größeren Betrag ab, und bei der Taufe wurde die Summe noch verdoppelt. Gewiss, ich war mit meinen 39 Jahren keine junge Mutter mehr, und es gab Bekannte, die mich unverblümt fragten: „Na, haben Sie denn die Pille vergessen? Sie haben doch schon vier Kinder, und jetzt noch ein fünftes!"

Auf solch törichtes Gerede konnte ich nur antworten: „Wir haben uns auf unser Baby gefreut. Wir wollten gerne noch ein Kind und sind jetzt glücklich."

Dieses Glück war meinem Mann schon im Entbindungszimmer anzumerken. Beim Anblick des Neugeborenen umarmte er mich und rief immer wieder aus: „Lotte, wir haben ein Kind, ein wunderschönes Kind! Der Junge hat einen Theologenblick. Schau nur, welch klugen Kopf er hat."

Ich war zwar noch sehr mitgenommen von der Geburt, aber ich konnte es doch nicht lassen, meinem Mann zu verstehen zu geben, dass die Falten in der Stirn und das Blinzeln seiner Äuglein wohl daher rührten, dass ihn die hellen Lampen im Kreißsaal mächtig störten. Ich fügte noch an: „Karl-Heinz, wenn alle Theologen mit solch einem verkniffenen Gesichtsausdruck herumlaufen sollten, wäre es schlecht um unsere Kirche bestellt." Aber 20 Jahre später durften wir zu unserer Freude feststellen, dass mein Mann mit einem prophetischen Blick ausgestattet war. Daniel ist wirklich Theologe geworden und promoviert gerade im Fach Kirchenge-schichte.

Daniels erste Bibel

Früh habe ich angefangen, unseren Kindern biblische Geschichten zu erzählen und ihnen zur Nacht aus der Kinderbibel vorzulesen. Als Daniel acht Jahre wurde, wünschte er sich von seinem Bruder eine eigene Bibel. Ich war zunächst etwas skeptisch, ob der Übergang von der Kinderbibel zur Erwachsenenbibel in diesem Alter nicht zu früh sei. Aber es stellte sich bald heraus, dass Daniel ein eifriger Bibelleser wurde. Als ich ihm einen Bibelleseplan zur Hilfe an die Hand geben wollte, lehnte er ab: „Weißt du, Mama, ich habe mir das alles genau überlegt. Ich werde jeden Tag fünf Kapitel lesen und dann lerne ich bald die ganze Bibel kennen." Das war ja ein gewaltiges Ziel für den kleinen Knirps. Nach einer Zeit kam er jedoch zu mir und sagte: „Mama, ist das schlimm, wenn ich die vielen fremden Namen wie Isaschar, Sebulon, Benjamin oder Naphtali einfach abkürze und lese: Isa, Sebu, Ben, Naph?"

Ich antwortete ihm: „Nein, das kannst du gerne tun. Diese hebräischen Namen sind ja auch schwer auszusprechen."

Nachdem Daniel die fünf Bücher Mose durchgelesen hatte und bei Josua gelandet war, unterbreitete er mir den Vorschlag: „Ich werde ab jetzt jeden Tag nur drei Kapitel lesen, dann darüber nachdenken und in einem Satz das Wichtigste aufschreiben."

Dazu habe ich ihn ermuntert. Über die Jahre hat er Seite um Seite mit seinen wichtigen Erkenntnissen gefüllt. Manchmal musste ich schmunzeln, wenn da zu lesen war:

Zank dich nicht mit deinen Brüdern!
Hilf deinem Papa!
Gib Gott ein Opfer!
Teile deinen Tag gut ein!
Bete für deine Lehrer!
Liebe Gott und die Menschen!
Ärgere dich nicht, wenn du abtrocknen sollst!
Sei gewissenhaft und putz deine Zähne!
Hab keine Angst, Gott ist doch da!

Als ich merkte, wie schwer sich das Kind tat, die Geschichten aus dem Alten Testament zu verstehen, kaufte ich ihm doch den „Guten Start", einen Bibelleseplan für Kinder, der ausgewählte Texte der Bibel auslegt.

„Mama", erklärte er mir schon nach ein paar Tagen, „der ‚Gute Start' ist wirklich ein guter Start für mein Leben." Daniel gewann große Freude am Bibellesen, und es wurde ihm ein Anliegen, auch seine Freunde zum Lesen der Bibel zu ermutigen. In den Ferien lud er sich immer einen Freund um neun Uhr ein und machte ihn mit dem Reichtum der Bibel bekannt. Nach einer Woche musste ich dann den zweiten „Guten Start" bestellen. Schließlich waren es sechs Bibellesepläne, die mir regelmäßig zugestellt wurden; denn jeder seiner Freunde wurde mit dem Bibellesen vertraut gemacht.

Einmal hörte ich ein lautes Toben im Zimmer nebenan und dazwischen Daniels Stimme: „Dieter, komm sofort vom Schrank herunter, und Stephan, hör auf, den Ball an die Wand zu werfen! Wir wollen jetzt die Bibel lesen, und dazu muss es ruhig sein." Die Zwillinge sind bis heute seine besten Freunde geblieben. Gerne begleiteten ihn seine Kameraden auch in die Jungschar und später in den Jugendkreis.

Scholastikas Baby

Plötzlich klingelt das Telefon. Der Direktor des Sprachinstituts ist am Apparat. „Frau Bormuth, vor mir sitzt eine Afrikanerin aus Tansania mit ihrem Kind. Ich weiß nicht, wo ich sie unterbringen soll. Das Semester an der Universität in Marburg hat gerade begonnen, und weit und breit ist kein Zimmer mehr zu finden. Sie sind für mich der letzte Ausweg. Es handelt sich um eine junge Mutter mit Säugling. Könnten Sie uns nicht helfen?"

Ich überlege kurz und kann eine positive Antwort geben. Aber der Herr am anderen Ende der Leitung scheint noch nicht befriedigt zu sein. Er druckst ein wenig herum und rückt dann mit seiner Bitte heraus: „Wären Sie auch bereit, das Kind tagsüber zu betreuen? Wir stehen nämlich noch vor einer weiteren Schwierigkeit. Diese Studentin erhält ein Stipendium, um ihre Doktorarbeit in Pharmazie zu schreiben. Für das Kind erhält sie keinen Pfennig. So ist es ihr nicht möglich, ihren Sohn in einen Kinderhort zu geben. Ihre finanziellen Mittel sind sehr begrenzt."

So kommt Scholastika mit ihrem Baby in unser Haus. Das kleine Kerlchen wird im Nu der Liebling der Familie. Sogar die Freunde unserer Kinder sind begeistert. Sie möchten ihn am liebsten zum Fußballtraining mitnehmen und ihren Kameraden zeigen. Über seinen Namen bin ich allerdings sehr erschrocken. Baruti heißt nämlich Schießpulver. Sein Großvater war ein Stammeshäuptling.

Aber ich will auch nicht verschweigen, dass es Stunden gab, in denen ich meinte, der neuen Aufgabe nicht gewachsen zu sein. Afrikanerkinder sind es gewohnt, in ein buntes Tuch gebunden ständig auf dem Rücken der Mutter herumgetragen zu werden. So brüllte der kleine Kerl aus Leibeskräften, wenn ich ihn vom Arm nahm und ihn in sein Bettchen setzte; denn irgendwann musste auch ich einmal daran denken, Essen zu kochen und die Küche zu kehren. Baruti brachte es auch fertig, unseren bisherigen Lebensrhythmus völlig auf den Kopf zu stellen. An Mittagsschlaf, ohne den ich meinte, nie auskommen zu können, war überhaupt nicht mehr zu denken. Stattdessen fuhr ich mit dem Kinderwagen durch die Gegend. Dabei blieb es nicht aus, dass mich verächtliche Blicke trafen. Eine Dame blieb auf dem Bürgersteig stehen, schaute zuerst den Kleinen und dann mich an und meinte mit aggressivem Unterton: „Ja, ja, man sieht es dem Kind an, dass es eine weiße Mutter hat. So ganz schwarz ist es doch nicht."

Manchmal war ich nach einem Tag mit Baruti so erledigt und müde, dass ich voller Sehnsucht nach der Uhr schaute und es nicht abwarten konnte, bis es endlich 19 Uhr war. Denn zu dieser Zeit kam seine Mutti nach Hause. Vor allen Dingen ging mir seine laute Schreierei auf die Nerven. Zu schnell hatte ich vergessen, wie laut unsere Rangen brüllen konnten. In solchen Situationen half mir das Wort Jesu: „Wer ein solches Kind aufnimmt in meinem Namen, der nimmt mich auf." Und so sagte ich öfter laut vor mich hin: „Herr, ich nehme dich jetzt in diesem Kinde auf." Diese Zusage Jesu gab mir neue Kraft und machte mich gelassen.

Heute kann ich Gott danken für die Freude, die er mir mit diesem Kind gegeben hat. Wenn die großen dunklen Augen des Afrikanerbabys mich anschauten und es sich wohlig in meinen Arm kuschelte, war ich glücklich.

Unter diesem Blick wurde die Last leicht. Sie verwandelte sich sogar in Wonne.

Darüber hinaus machte mir Gott noch ein besonderes Geschenk. Er gab mir die Möglichkeit, Scholastika mit dem Evangelium bekannt zu machen. Auf ihrem Nachttisch lag ein Neues Testament in Englisch. Bereitwillig besuchte sie mit unserer Familie die Gottesdienste unserer Gemeinde. Wir übersetzten ihr die Predigt und erläuterten ihr im persönlichen Gespräch, dass Jesus Christus uns mit Gott versöhnt. So betete ich um Scholastikas Errettung.

Ich traue es Gott zu, dass er diese intelligente, junge Frau hineinführen kann in die Gemeinschaft mit ihm. Das wäre dann eine Zugabe Gottes, die nur in der Anbetung vor ihm ihren rechten Ausdruck fände.

Cordula und ihr Baby

„Können Sie Cordula Meißner einige Monate bei sich aufnehmen? Sie ist schwanger und erwartet um den 15. September herum ein Baby. Cordula ist Abiturientin. Eigentlich hätte sie in diesem Jahr ihre Abschlussprüfung machen müssen. Aber durch die ungewollte Schwangerschaft hat sie die Schule erst einmal abbrechen müssen. Ihr Klassenkamerad, der Vater ihres Kindes, drang darauf, das Baby abtreiben zu lassen. Aber für Cordula kommt das nicht in Frage. Das junge Mädchen geht bei mir in den Jugendkreis, ist selbst Christin und hat sich in ihrer Not an mich gewandt. Ihre Eltern, sehr vermögende und in der Politik angesehene Leute, waren auch dafür, dass Cordula abtreibt. Als sie sich weigerte, verschafften sie ihr in der Schweiz einen Platz, wo Cordula bis zur Geburt bleiben und das Kind zur Welt bringen sollte. Dann sollte sie das Baby zur Adoption freigeben. Ein uneheliches Kind würde ihrem Ansehen schaden. Diese Schande wollten sie nicht auf sich nehmen. So etwas Schlimmes habe es in ihrer gutbürgerlichen Familie noch nie gegeben. Aber Cordula steht zu ihrem Kind und würde es um keinen Preis in der Welt hergeben. Könnten Sie, liebe Frau Bormuth, die Abiturientin erst einmal aufnehmen, bis das Baby geboren ist? Danach wird sich schon ein Weg zeigen, wie es für Mutter und Kind weitergehen soll."

Es war die Pfarrfrau einer größeren Stadt, die mich kannte und um Hilfe bat. So richtete ich für die werdende Mutter ein kleines Zimmer, indem ich unsere Buben in ein Zimmer zusammenlegte, und wartete auf das junge Mädchen. Durch all die notvollen Ereignisse war Cordula sehr mitgenommen und mit ihrer Nervenkraft am Ende. Sie klagte mir: „Dass Henrich mich so im Stich lässt, werde ich nie und nimmer begreifen. Er lässt mich fallen wie eine heiße Kartoffel, und seine Eltern dürfen noch nicht einmal erfahren, dass er Vater wird. Er hat mir den Himmel auf Erden versprochen und mich sehr geliebt. Nun aber, wo ich schwanger bin, hat er die Verbindung zu mir ganz abgebrochen. Jetzt stehe ich allein in meinem Elend da."

„Cordula, auf uns dürfen Sie zählen. Versuchen Sie, hier zur Ruhe zu kommen. Um Ihres Kindes willen dürfen Sie sich nicht weiter aufregen. Wir helfen Ihnen, und alles wird gut werden."

Es wurden keine leichten Monate, weder für Cordula noch für mich. Die werdende Mutti hat viel geweint, und ich konnte sie nicht immer trösten. Manchmal hörte ich nachts ihr Schluchzen. Die Enttäuschung und der Liebeskummer waren groß. Ich versuchte, ihren Blick auf das Baby zu richten. Erst als sie die Kindsbewegungen in ihrem Leib verspürte, gewann sie Zuversicht. Sie begann, die Babyausstattung herzurichten. Als ihre Eltern erkennen mussten, dass Cordula zu ihrem Kind stand, suchten sie nach einer anderen Lösung, um die Schande abzuwenden. Der Vater fand in seinem Unternehmen einen jungen Mann, der Cordula schnell heiraten sollte. Würde sich das junge Paar doch nicht verstehen, so könnte ja die Ehe danach wieder geschieden werden. Aber zumindest würde das Baby ehelich geboren werden.

So tauchte eines Tages Jens bei uns auf. Von vornherein war klar, dass diese Verbindung unmöglich war. Nach mehrmaligem

Treffen mit Jens trennte sich Cordula wieder von ihm. Die Eltern hatten schon eine Wohnung für das junge Paar gemietet und mit ihrer Tochter ein Schlafzimmer gekauft.

Ich konnte Cordulas Eltern nicht verstehen. Diese Machenschaften trugen nicht dazu bei, Cordulas Nerven zur Ruhe zu bringen. Ich habe in dieser Zeit manches Gespräch mit ihr geführt und habe versucht, sie zu trösten. Eine große Hilfe war ihr eine nette Studentin aus der Studentenmission, mit der sie manchen Abend verbrachte.

Dann nahte die Stunde der Geburt. Wir brachten Cordula in die Frauenklinik, und sie brachte eine kleine Tochter zur Welt. Yvonne sollte das Baby heißen. Nachdem das Kind geboren war, kamen Cordulas Eltern zu Besuch. Sie sahen das kleine, schöne Baby, und beim Anblick ihres Enkelkindes schlug ihre Stimmungslage um. Das Kind hatte ihnen das Herz abgewonnen, und sie sahen ein, wie töricht sie gehandelt hatten. Cordulas Mutter war regelrecht begeistert von Yvonne und machte ihrer Tochter den Vorschlag, dass sie so lange für den Säugling sorgen wollte, bis Cordula ihr Abitur geschafft hatte. Das war ein vernünftiger Plan.

Ich konnte nur staunen, wie ein solch kleines Geschöpf Herzen erobert.

Yvonne war ein aufgeschlossenes, begabtes Kind. Viele Jahre sind inzwischen ins Land gegangen, und Yvonne hat selbst Abitur gemacht. In diesen Tagen bereitet sie sich vor, an der Universität in Berlin Medizin zu studieren.

Trösten, trösten

Neulich fragte mich meine Tochter: „Mutti, was ist eigentlich deine Hauptaufgabe?" Spontan kam es mir über die Lippen: „Trösten, trösten." Und das fing schon sehr früh an.

Unser Jüngster hatte ein kleines Häschen. Susi hieß das quicklebendige Tier. Im Sommer spielte er mit seinem Hasen auf dem Rasen, und im Winter hatte er ihn im Gartenhaus untergebracht. Daniel sorgte mit viel Liebe für sein Haustier und ging nie schlafen, ohne seinem Liebling noch einmal Futter gebracht und ihm Gute Nacht gesagt zu haben. Er besorgte immer frischen Klee, Löwenzahn und Heu und stutzte ihm seine Krallen. Den Stall mistete er regelmäßig aus.

An einem kalten Januartag kam Daniel ganz aufgeregt zu mir. „Mama, ich glaube, Susi ist krank. Sie liegt in der Ecke und frisst nicht mehr. Sie hat Durchfall."

Ich schaute mir das Tier näher an. Es sah wirklich ganz elend aus. „Daniel, ich glaube, Susi ist nicht mehr zu retten, sie wird wohl eingehen."

Mein Sohn hörte meine Worte und verschwand in seinem Zimmer. Er warf sich aufs Bett und fing fürchterlich an zu schluchzen und zu weinen. Sein kleiner Körper wurde regelrecht vom Schmerz geschüttelt.

Jetzt erst merkte ich, was ich mit meinen unbedachten Worten angerichtet hatte. Ich musste nun handeln, um meinen Jungen aus seiner Traurigkeit herauszuholen. Zunächst brachte ich Susi in die Küche und bereitete ihr in einem Badewännchen eine Liegestatt. Dann behandelte ich den Hasen, so wie ich meine Kinder behandelt habe, wenn sie unter Durchfall litten. Ich löste Kohletabletten in einer Tasse auf und flößte dem Häschen die Flüssigkeit mit einer Spritze ein. Dann rieb ich einen Apfel und fütterte Susi damit. Bei all meinem Tun ging mir Daniel zur Hand. Ja, wir beteten für das kranke Tier und ließen es über Nacht in der Küche schlafen.

All das hatte meinen Sohn beruhigt, er wusste seine Susi gut versorgt.

Am nächsten Morgen kam ich in die Küche. Längst hatte der Hase sein „Krankenbett" verlassen und hopste munter über Tisch und Bänke. Meine Küche war zu einem Hasenstall umfunktioniert. Überall hatte Susi ihre Spuren hinterlassen. Aber das störte mich gar nicht. Mein Ziel hatte ich erreicht. Das Häschen war am Leben geblieben, und mein Sohn war glücklich darüber. Gern half er mir dann, die Küche wieder zu säubern.

Mir wurde deutlich, dass Trösten oft ein bedachtes, aber auch schnelles Handeln erfordert. Ein trauriges Kind darf man in seinem Schmerz nicht allein lassen.

In ähnlicher Weise erging es auch unserem Johannes. Er erlebte einen rabenschwarzen Tag. Als ich einmal vom Unterricht nach Hause kam, merkte ich sofort, dass irgendetwas nicht stimmte. Heulend saß unser Fünfjähriger am Fenster. Schnell sprang ich die Treppe hinauf, immer zwei Stufen auf einmal. „Johannes, was ist mit dir los? Warum weinst du? Sag, was ist denn passiert?" Ich versuchte, den kleinen Kerl zum Reden zu bringen. Aber vor lauter Schluchzen kriegte er kein Wort heraus. „Bist du mit dem Rad gestürzt? Hast du irgendetwas angestellt? So rede doch! Ich muss wissen, was geschehen ist." Behutsam strich ich dem Buben übers Haar, wischte ihm die Tränen aus den Augen und versuchte, ihn zu beruhigen.

„Mama, ich kann's nicht bezahlen. Niemals kann ich das bezahlen. Ich kann es wirklich nicht bezahlen!", stieß er verzweifelt hervor.

Nach und nach erfuhr ich, was sich ereignet hatte. Johannes hatte mit seinen Freunden versucht, von einer kleinen Anhöhe Hagebutten auf die Straße zu werfen. Jeder strengte sich dabei mächtig an, denn er wollte mit dem weitesten Wurf Sieger werden. Im Eifer des Gefechts hatte Johannes in seiner Hosentasche aus Versehen mit den Früchten einen kleinen Stein erwischt. Ausgerechnet in dem Augenblick, als er ihn warf, musste ein fabrikneuer Opel vorbeifahren. Es machte hörbar „klick", und das Unglück war geschehen. Das Steinchen hatte die vordere Wagentür getroffen.

Zornig stieg der Fahrer aus und untersuchte den Schaden. An einer Stelle war der Lack in der Größe von einem Fliegendreck abgesplittert. Der Fahrer packte den kleinen Übeltäter am Kragen und schleppte ihn bis zu unserem Haus. „Das musst du bezahlen, du Schlingel!", schimpfte er. „Der Schaden wird dich teuer zu stehen kommen; denn das Auto ist ganz neu. Warte nur, deine Eltern werden dich übers Knie legen."

Zu allem Unglück war ich gerade nicht zu Hause. Ärgerlich schrieb sich der Fahrer unseren Namen und die Adresse auf. Das Kind blieb allein zurück und zitterte vor Angst. Es war nur gut, dass ich kurz darauf nach Hause kam. Es war schwer, Johannes zu beruhigen. Immer wieder rief er schluchzend aus: „Ich kann das nicht bezahlen!"

Ich nahm den Blondschopf in den Arm und versuchte, ihn zu trösten. „Du brauchst nichts zu bezahlen", versicherte ich ihm, „dein Papa bezahlt alles." Plötzlich verstummte das Weinen, und die Tränen versiegten. Der Satz schien Wunder gewirkt zu haben. Ein paar Seufzer erschütterten noch den kleinen Körper, und dann wurde das Kind ruhig. Den Kopf an meine Seite gelehnt, saß Johannes bei mir auf der Eckbank. Fest hielt ich ihn in meinen Armen. Ich weiß nicht mehr, wie lange wir so still dagesessen haben. Es tut einer Mutter wohl, ein getröstetes Kind an sich zu drücken.

Liebeskummer

Einer unserer Söhne studierte in Heidelberg. Ich wusste, dass es ihm nicht gut ging. Vor mir lag eine Fahrt nach Stuttgart, und ich musste in Heidelberg umsteigen. Ich telefonierte mit ihm, und wir verabredeten ein kurzes Treffen auf dem Heidelberger Bahnhof. Dann packte ich eine große Tasche mit allerlei Köstlichkeiten, die sich ein Student nicht leisten würde: Kaffee, Schinken, Dauerwurst, selbst gekochte Marmelade, Tannenhonig aus dem Schwarzwald, Nüsse und Marzipan. Schließlich backte ich noch einen Kuchen, den ich mit Schokoladenguss überzog. Beim Backen war mir ein kleines Missgeschick passiert. In der Mitte war der Teig etwas zusammengefallen, und der Kuchen hatte ein Loch. Ich war drüber etwas missgestimmt, aber mein Mann schaute sich den Kuchen an und meinte etwas verschmitzt: „Das Problem ist gut zu beheben. Wir nehmen einen Hunderter, rollen ihn zusammen, packen ihn in Folie und stecken ihn in das Loch. Für unseren Sohn wird das Loch noch die größte und schönste Überraschung sein.“

Als ich in Heidelberg ankam, stand unser Sohn schon mit seinem Fahrrad und dem Rucksack auf dem Rücken da und erwartete mich auf dem Bahnsteig. Er entdeckte mich sofort und half mir, die schwere Tasche aus dem Intercity zu heben. Auf einer Bank tranken wir schwarzen Tee, den unser Student in einer Thermoskanne mitgebracht hatte. Dabei erzählte er mir, warum seine Beziehung zu Susanne gescheitert war.

Wir hatten nur zwanzig Minuten Zeit, aber ich merkte, wie wohl unserem Sohn das Gespräch tat. Er konnte sich einiges von der Seele reden. Ich übergab ihm dann die Tasche, wies auf den Kuchen hin, auf dem die Verzierung mit den Schokoladenherzen etwas verrutscht war, und sagte mit einem Blinzeln im Auge: „Siehst du, so ist es auch mit der Liebe. Im Laufe eines Lebens kann sie ins Rutschen kommen. Aber schau jetzt nach vorne!"

Wie im Nu war der Aufenthalt vergangen. Als ich in den Zug nach Stuttgart einstieg, rief mir unser Sohn noch zu: „Mama, wann musst du wieder einmal in Heidelberg umsteigen?" Er winkte mir noch lange nach, bis der Zug in einer Kurve aus seiner Sichtweite verschwunden war.

Einige Tage später erhielt ich einen lieben Brief. „Mama, das war ja eine große Überraschung. Das Wertvollste war das Loch im Kuchen. Ich wünschte, dir würde öfter beim Backen solch ein Missgeschick passieren." Ich aber dachte: *Mit diesem kurzen Aufenthalt in Heidelberg habe ich nicht nur ein Loch im Kuchen, sondern auch in der Seele meines Kindes gestopft.*

Glaubenskrisen

Christliche Eltern haben nur den einen Wunsch, dass ihre Kinder den Weg zu Christus finden und auch auf diesem Weg mutig voranschreiten. Und doch lehrt uns immer wieder die Erfahrung, dass Glaubenskrisen nicht ausbleiben. Wahrscheinlich sind sie sogar ein sicheres Anzeichen dafür, dass der Glaube unserer Söhne und Töchter echt ist, denn sonst würde sie der Teufel nicht so in Anfechtungen stürzen. Mir war es immer wichtig, dass ich gerade in solchen Situationen meine Zuflucht zu Gott nehme, ernsthaft für meine Kinder bete und mir auch ihr Vertrauen erhalte.

Von einem meiner Söhne weiß ich um solch eine schwere Glaubenskrise. Ich habe sehr darunter gelitten, und es ist mir nicht leicht gefallen, innerlich Ruhe zu bewahren. Oft habe ich trotz vieler Gebete geweint, und manchmal hatte mich die Angst fest im Griff. Aber meinem Sohn gegenüber habe ich mir die Angst nicht anmerken lassen und ihn auch nicht mit Vorwürfen überschüttet, warum ihm denn Jesus jetzt so wenig bedeute.

Einige Monate später, als es unserem Jungen wieder besser ging, hat er mir einen Brief geschrieben, in dem er sich herzlich bei mir bedankte, dass ich ihm keine Szene gemacht habe. Nun habe er die Durststrecke überwunden, und es gehe ihm besser.

Natürlich hat mich dies sehr gefreut. In dieser Zeit meiner Not hat mir besonders ein Wort von Dr. Martin Luther geholfen. Ich gebe es mit eigenen Worten wieder: „Wenn nun Kinder noch nicht den Weg zum Glauben an Jesus gefunden haben oder wieder von ihm abgefallen sind, dann sollen wir uns nicht grämen. Gott allein behält es sich vor, die Kinder zum Glauben zu führen und sie darin zu erhalten. Aber wir dürfen als Eltern für sie beten, ihnen viel Gutes tun und sie so ansehen, als wären sie schon die allerbesten Christen, und alles andere Gott überlassen."

Wie ich zum Schreiben kam

Eines der notvollsten Ereignisse in meinem Leben war das Zugunglück 1973 bei Guntershausen. Dabei wurde meine Schwester schrecklich zugerichtet. Dieses Erleben, das uns über mehrere Jahre fest im Griff hielt, wurde zum Anlass, dass ich zum Schreiben kam. Ich musste mir meine Angst, mein Leid und meine Sorge von der Seele schreiben; denn oft hatte ich den Eindruck: Ich zerbreche an diesem Elend.

Nach dem Unfall, bei dem zwei Züge aufeinander geprallt und dabei vierzehn Menschen ums Leben gekommen waren, hatte ich über eine längere Zeit Nachtwache am Bett meiner Schwester gehalten. Sie war die Einzige, die in dem letzten Wagen das Unglück überlebt hatte. Aber sie war furchtbar zugerichtet worden. Die Zeitungen berichteten in Schlagzeilen: „Diese junge Mutter von zwei Kindern muss wohl mehrere Schutzengel gehabt haben, dass sie dieses Unglück überlebt hat." Der Kopf blutete aus mehreren Wunden, ein Auge war verletzt, alle Rippen waren gebrochen, in den rechten Arm war ein großes Loch gerissen worden und beide Beine waren total abgequetscht und mehrmals gebrochen. Die Ärzte versuchten alles, um die Beine zu retten, aber gelungen ist ihnen dies nicht.

Als ich wieder nach einer durchwachten Nacht am Krankenbett morgens nach Hause kam, war an Schlaf nicht zu denken. Ich war erschöpft und kam doch nicht zur Ruhe. So griff ich zur Feder. Was ich damals niederschrieb, wollte ich nie veröffentlichen. Später hat eine Freundin diese Seiten an einen Verlag geschickt, und so ist mein erstes Buch „Ich staune über Gottes Führung" entstanden. Dieses Buch hat einen starken Widerhall bei den Lesern gefunden und ist mit elf Auflagen zum Bestseller geworden. Ich kann diesen Erfolg selbst kaum begreifen. Ich lasse einen kurzen Bericht daraus folgen:

Ich aber schreie zu Gott

Ich sitze im Zug und will meine Schwester besuchen. Sie wurde bei einem Eisenbahnunglück schwer verletzt und lag über drei Jahre im Krankenhaus. Mehr als dreißig Mal wurde sie operiert, und heute soll ich wieder bei ihr sein, wenn sie aus der Narkose erwacht. Mit bangem Herzen erreiche ich die Klinik. Am Eingang zur Station höre ich lautes Stöhnen und gerate in entsetzliche Angst, als ich merke, dass das Jammern aus dem Zimmer meiner Schwester dringt. Leise trete ich an ihr Bett und fasse ihre Hand. „Grete!", spreche ich sie an, aber ich bekomme keine Antwort. Sie muss furchtbare Schmerzen haben, denn sie wälzt sich mit dem Oberkörper hin und her, stöhnt und schreit. Erst nach einer geraumen Weile ist sie ansprechbar. „Helft mir doch! Helft mir doch!", bittet sie. Mit großen Augen, die von Angst gezeichnet sind, schaut sie mich an. Ich hole den Arzt und frage ihn, ob er nicht die Schmerzen mit einer Spritze lindern könnte. Er lehnt ab, denn durch die vielen Narkosen ist das Atemzentrum zu sehr in Mitleidenschaft gezogen. Außerdem wurden ihr schon so viele Medikamente verabreicht, dass sich der Körper daran gewöhnt hat und die Wirkung gleich Null ist.

Ich versuche meiner Schwester gut zuzureden, lege ihr ein feuchtes Tuch auf die Stirn und halte ihre Hand. Jetzt, da die Betäubung ganz nachgelassen hat, sind die Schmerzen unerträglich geworden. Ihr Stöhnen wird zum Schreien. Ich aber kann ihr keine Linderung verschaffen. Hilflos stehe ich an ihrem Bett. Ab und zu schaut ein Arzt oder eine Krankenschwester zur Tür herein und versucht, sie zu beruhigen. Aber sie wissen auch, diese junge Frau hat schon zu viel in der vergangenen Zeit gelitten, als dass sie noch die körperlichen und seelischen Kräfte besäße, um Schmerzen auszuhalten.

In ihrer größten Not fleht sie mich an: „Lotte, bete du zu Gott, vielleicht hilft er dann. Du bist doch fromm. Auf dich muss er hören."

Welche Verzweiflung verbirgt sich hinter diesen Worten. Muss Gott hören? Ich falte meine Hände und rufe zu ihm. Was sollte ich auch anders tun? „Herr Jesus, lindere du die Schmerzen, heile du die Wunden. Schenk Grete die Kraft, die sie jetzt braucht. Vor allen Dingen setze diesem Schreien ein Ende. Amen!"

Ich warte mit bangem Herzen und gerate selbst in große Anfechtungen. Wo bleibt Gott? Warum greift er nicht ein? Hat er nicht die Macht, mit einem Wort allem Elend ein Ende zu bereiten? Und dann schleicht sich dieser schreckliche Gedanke ein: Wäre es nicht besser, meine Schwester könnte jetzt ruhig und für immer einschlafen und wäre allem Leiden enthoben? Ich bin selbst so hoffnungslos. Am liebsten möchte ich aus diesem Krankenzimmer fliehen. Die Zeit scheint still zu stehen. Noch vier Stunden muss ich hier aushalten, dann erst fährt mein Zug. Ich erschrecke über meine Gedanken und schäme mich, dass ich nur an mich denke. Ich bin so feige. Wenn ich doch nur die Tür hinter mir schließen könnte! Dieses Schreien ist fürchterlich. Es klingt heiser, laut und verzweifelt und geht mir durch Mark und Bein. Mir wird weh davon. Alles krampft sich in mir zusammen, und im Stillen bewegt mich der Liedvers: „Mach End, o Herr, mach Ende mit aller unserer Not!" Es ist jetzt nicht mehr zum Aushalten. Plötzlich aber wird es still im Zimmer, und ich höre, wie meine Schwester eine Strophe aus der Passionsliturgie stammelt: „Christe, du Lamm Gottes, der du trägst die Sünd der Welt, erbarm dich unser!" Aus der Tiefe ihres Herzens hat sie sich zu Gott gewandt, und welche Macht verbirgt sich hinter solchem Anruf!

Plötzlich steht Jesus, das Lamm Gottes, vor

mir, und ich sehe, wie er geschlagen, gepeinigt und gemartert wurde. Ich erkenne, wie die Kriegsknechte mit mächtigen Schlägen die gewaltigen Nägel durch seine Hände und Füße treiben. Ich höre seinen Verzweiflungsschrei: „Mein Gott, mein Gott, warum hast du mich verlassen?" Ich sehe in sein blutverschmiertes Angesicht und erschaudere, denn die Dornenkrone hat sich tief in seinen Kopf eingedrückt. Langsam beginne ich zu begreifen, wie lieb Jesus mich haben muss, dass er freiwillig so für mich und meine Schuld litt, damit ich frei ausgehen kann. Aus dem Leiden und Sterben Jesu gewinne ich die feste Zuversicht: Wenn jemand meiner Schwester helfen kann, dann ist er es. Und ich rufe ihr zu: „Grete, schrei und klammere dich an Jesus! Er allein versteht dich, denn er hat am Kreuz Todesqualen ausgestanden. Schrei zu ihm! Er wird dir helfen. Weil Jesus lebt, ist Hoffnung für dich da!"

Es folgen dann noch vier bange Stunden. Aber sind wir Christen nicht beneidenswerte Leute, dass wir unser Elend, unseren Jammer vor Jesus ausbreiten, vor ihm klagen, ja sogar schreien dürfen und dabei gewiss sein können: Wir werden gehört und zu Gottes Stunde auch erhört. Unser Schreien verhallt nicht im leeren Raum, sondern Gott nimmt es auf, leidet mit uns und erbarmt sich über uns.

Als ich die Klinik verlasse, bin ich von allem Geschehen sehr bewegt. Ich achte nicht auf die Menschen, die an mir vorübergehen. Ich sehe keine Schaufenster und auch keine Lichtreklame. Ich habe Jesus mitten in allem Todesgrauen und aller Verzweiflung erlebt. Ich habe ein Stück seines Leidens und Sterbens neu begriffen. Mir laufen zwar die Tränen, die ich am Krankenbett nur mühsam zurückhalten konnte, über mein Gesicht, aber ich bin getröstet, dass Gott selbst einmal alle Tränen von unseren Augen abwischen wird. Seine neue Welt wird anbrechen, und dann wird es keine zerschundenen Glieder und eiternden Knochen, kein Stöhnen und Schreien, keine Anfechtung und Verzweiflung mehr geben. Dann wird mein Mund ihn rühmen und loben, der als das gekreuzigte Lamm Gottes so viele Schmerzen für uns Menschen erduldet hat. Unser Schreien wird einmal verstummen, und wir werden in Jubel ausbrechen. Das ist unvorstellbar, aber wahr. Aus dieser Gewissheit gewinne ich die Kraft, das Leid durchzuhalten.

Was hat Sören Kierkegaard auf sein Grabmal einmeißeln lassen?

> *„Nur eine kurze Zeit, dann ist's gewonnen:*
> *Dann ist der ganze Streit in nichts zerronnen.*
> *Dann darf ich laben mich an Lebensbächen*
> *und ewig, ewiglich mit Jesus sprechen."*

Meine Schwester ist wieder gesund geworden. Allerdings waren die Beine nicht mehr zu retten. Sie muss im Rollstuhl sitzen. Aber sie hat noch viele Jahre ihren Beruf als Abteilungsleiterin in einer Bank ausüben dürfen. So sind wir dankbar, dass Gott damals das Leben dieser jungen Mutter erhalten hat.

Für Gott unterwegs

Durch meine Bücher wurde ich weithin bekannt. Noch immer kann ich es nicht begreifen, welch großes Arbeitsfeld mir Gott mittlerweile zugedacht hat. 25 Jahre meiner Ehe war ich hauptberuflich Mutter und Hausfrau. Bei fünf Kindern hatte ich auch alle Hände voll zu tun. Zudem bewirtschaftete ich einen großen Garten und habe immer das Obst und Gemüse aus eigenen Erträgen auf den Tisch gebracht.

Und plötzlich erhielt ich Einladungen zu Frühstückstreffen, zu Frauentagen und Seniorentreffen, zu Konferenzen und Freizeiten. Oft war ich über die Hälfte des Jahres unterwegs.

Besonders nach dem Mauerfall wurde ich immer wieder zu Diensten herangezogen in Thüringen, der Mark Brandenburg, Mecklenburg-Vorpommern, Sachsen und Sachsen-Anhalt. Wie reich ist mein Leben in der Begegnung mit den Glaubensgeschwistern im Osten geworden.

Jedes Jahr halte ich Freizeiten in den schönen Heimen in Cottengrün, Reudnitz, Bad

Blankenburg, Selin, Binz auf Rügen und Johnsdorf in der Oberlausitz. Eine Weite hat sich mir aufgetan, wie ich sie nie hätte erahnen können.

So erhielt ich auch eines Tages eine Einladung zum Pfingstjugendtreffen in Bobengrün im Jahr 1996. Die Veranstaltung stand unter dem Thema: „Gott führt sein Volk mitten durch die Wüste." Noch heute schlägt mein Herz schneller, wenn ich an dieses großartige Ereignis mit über zehntausend meist jungen Menschen denke. Mitten im Wald und auf den angrenzenden Wiesen hatten sich die Teilnehmer gelagert. Der Wetterbericht hatte ein heraufziehendes Regengebiet angesagt, und schon am Abend vor der eigentlichen Großveranstaltung tröpfelte es zwar nicht stark, aber beständig vom Himmel. Gewiss, die jungen Leute hatten sich Planen, Regenmäntel, Schirme, Decken und warme Anoraks mitgebracht. Wer aber eine mehrtägige Versammlung durchführen will, mag schon beim Anblick der heraufziehenden dunklen Wolken in Panik geraten. Nicht so Pfarrer Hägel mit seiner großen Schar verantwortlicher Mitarbeiter. Er zeigte noch einen anderen Weg auf.

So stand Pfarrer Hägel am Vorabend des Treffens, zu dem schon viele angereist waren, auf der Kanzel und startete einen Aufruf: „Wer beten kann, der bete. Wir brauchen trockenes Wetter und Sonnenschein. Wir sind gewiss, Gott wird unseren Ruf erhören und uns auch hierin seine Güte und Freundlichkeit erweisen."

Skeptiker mögen gedacht haben: *Wie kann nur ein Pfarrer durch das Gebet sich den Wetterprognosen entgegenstellen? Fordert er Gott nicht allzu sehr heraus?*

An diesem Abend werden sicher viele Teilnehmer Gott in ihren Gebeten um Sonnenschein und Wärme angefleht haben. Und dann geschah das Gewaltige: Das Rufen zu ihm wurde erhört. Die Pfingsttage standen unter strahlend blauem Himmel. Warm wurde es. Pullover und Anoraks konnten im Rucksack verstaut bleiben. Sonne, Sonne, überall Sonne und keine trüben Wolken am Horizont. Das war ein Wunder besonderer Art. Die Zeitungen haben hernach berichtet: „Nur im Gebiet um Bobengrün wich das Tief einem kräftigen Hoch." Solch einen Gott haben wir, der große Wunder tut, deren Zahl unermesslich ist.

Aber es geschah nicht nur ein Sonnenwunder in diesen Tagen. Gott ließ auch sein Licht in vielen Herzen seiner Kinder aufleuchten, und es wurde hell. Nach meinem Vortrag – und so geschah es auch bei den übrigen Rednern – drängten sich die jungen Menschen um mich. Das war Seelsorge mitten im Wald in Gottes großartiger Schöpfung. Ich saß auf einem Baumstamm und einige Meter entfernt bildete sich eine Schlange von Ratsuchenden. Lange Gespräche waren bei diesem Andrang nicht möglich. Aber wenn Gott durch seinen Geist Schuld aufdeckt, finden die Menschen auch für ihre Sünden einen Namen. Wie sehr hat mich die Aufrichtigkeit der Teilnehmer an diesem Pfingsttreffen gefreut.

Da konnte ein junger Mann bekennen: „Ich habe Werkzeuge von der Firma mitgehen lassen. Es tut mir Leid, ich werde die Sache in Ordnung bringen." Ein Student bekannte: „Ich habe meine Freundin verführt und habe mit ihr geschlafen." Eine junge Frau sagte mir: „Ich habe meinen Stiefbruder nie akzeptieren können. Er ist viel älter als ich und zudem noch bucklig. Wegen seiner Sehbehinderung trägt er eine

Brille mit dicken Gläsern. Das hat sein Gesicht verunstaltet. Ich habe mich seiner sehr geschämt und habe ihn vor meinen Freunden als meinen Onkel ausgegeben. Das war nicht recht. Ich werde über diese Schuld mit meinen Freunden reden und die Sache richtig stellen."

Wenn Gottes Heiliger Geist seinen Finger in unsere Wunden legt, dann gibt es keine falschen Entschuldigungen und Ausreden. Nach dem Bekenntnis der Sünde folgt dann die Vergebung. Alle Traurigkeit muss weichen und die Betrübnis wird ausgelöscht. Freude bricht durch und erneuert das Leben.

Mit einer werdenden Mutti traf ich beim Essen zusammen. Ich war von ihrem Anblick berührt, legte meine Hand auf ihren Leib und segnete sie. „Der Herr schenke Ihnen ein gesundes Kind und stehe Ihnen in der Stunde der Geburt bei. Der Friede des Herrn sei mit Ihnen!"

Monate später wurde ich angefragt, ob ich nach Hammerbrücke zu einem Frauenabend kommen könnte. Ich sagte zu und suchte auf der Landkarte, wo denn dieser Ort liege. Es ist ein kleines Dorf in der Nähe der tschechischen Grenze. Ich stellte mich innerlich auf eine Stubenversammlung ein. Aber wie überrascht war ich, als ich einen großen Saal betrat und über 100 Frauen an herrlich geschmückten Tischen sah. Gestecke von Rosen und Nelken zierten den Raum. Hier war sicher eine Meisterin am Werk gewesen. Und ich hatte Recht. Die Mitarbeiterinnen aus Hammerbrücke hatten es sich etwas kosten lassen, um ihren Dorfbewohnerinnen an diesem Abend das Evangelium nahe zu bringen.

Nach meinem Vortrag wurden herrlich verzierte Platten mit Wurst-, Käse- und Eierschnitten aufgetragen. Auf dem Tisch stand eine reiche Auswahl an Getränken. Plötzlich tauchte eine junge Frau mit Kinderwagen auf. Sie kam auf mich zu, lächelte mich an und sagte: „Das ist unser Friedenskind, Frau Bormuth. Erinnern Sie sich noch an unsere Begegnung in Bobengrün?"

Mir ging sofort ein Licht auf, und ich nahm die junge Mutti in meine Arme. Ja, wir dürfen einander segnen und von unserem Herrn viel Gutes erwarten; denn die ursprüngliche Bedeutung von segnen heißt: Gott spricht uns Gutes zu.

An diesem Abend war ich rundum glücklich und gewann Mut, mich für die nächsten Frauenabende in Plauen und Lengenfeld zu rüsten.

Der Fall der Grenze

Wenn der November mit seinen Nebelbänken und kalten Regenschauern sich auf unser Gemüt legen will, erinnere ich mich gerne an ein Ereignis, das mein Herz zum Jubeln bringt. Über den Rundfunk und das Fernsehen verfolgte ich mit innerer Bewegung die Montagsgebete und Demonstrationen in Städten wie Leipzig, Berlin, Plauen, Eisenach und noch einigen anderen. Wir trafen uns in unserer Gemeinde zum Gebet, damit ja nicht dieser Freiheitsdrang unserer Landsleute im Osten mit Gewalt und Blutvergießen niedergeschlagen werde. Wir zitterten und bangten, wenn wir bei manchen Demonstrationen sahen, wie die Volkspolizisten ihre Gummiknüppel schwangen und brutal auf die Menschen losschlugen. Dass diese gewaltlosen Märsche von Zigtausenden und die vielen brennenden Kerzen dazu führen könnten, die Grenze und die Mauer in Berlin zusammenbrechen zu lassen, war nicht vorauszusehen. Aber Gott hat dieses Wunder getan. Dafür können wir ihm nie genug danken, dass Deutschland wieder vereint wurde.

Durch die Mutter unseres Schwiegersohns erfuhren wir, dass die Grenze in Großburschla im Kreis Eschwege für zwei Tage geöffnet sei und jeder nur mit seinem Pass hinüber und herüber gehen könnte. Ich rief meinen Mann in seiner Dienststelle an: „Karl-Heinz, die Grenze ist offen. Lass uns nach Großburschla fahren!" Mein Mann ließ in seinem Arbeitszimmer alles stehen und liegen, kam nach Hause, und wir begannen sofort, unseren VW-Kombi mit Büchern zu beladen. Diese Chance wollten wir uns nicht entgehen lassen. Jahrelang haben wir uns gemüht, christliche Bücher in den Osten zu schicken, was oft zu einem Problem wurde. Meist durfte nur ein Buch in den Umschlag nach drüben gesteckt werden mit dem Vermerk, dass es sich um religiöses Schrifttum handele, das vom Staatsratsvorsitzenden Honecker zugelassen sei. Oft kam aber auch ein solches Buchgeschenk nicht an oder wurde uns wieder zurückgeschickt. Für uns war das nun eine einmalige Gelegenheit, christliche Literatur in den Osten zu bringen. Wir deckten den Berg von Büchern mit einer Decke zu und legten oben darauf Bananen, Schokolade, Kaffee und Coca Cola. Unterwegs erlebten wir eine große Überraschung. Sonst waren die Straßen im Zonenrandgebiet fast kaum befahren. Nun aber gerieten wir in einen Stau. Trabbi an Trabbi reihte sich in beiden Richtungen aneinander.

Wir kannten diese Gegend hier gut, weil wir einige Male in Wommen, das direkt an der Grenze zur DDR liegt, Urlaub gemacht haben. Früher sind wir auf der stillgelegten Autobahn bei Herleshausen mit dem Fahrrad gefahren oder haben mit unseren Kindern Fußball gespielt. Wehmütigen Herzens haben wir in den Osten hinübergeschaut. Wenn wir manchmal Arbeiter auf den Feldern entdeckten, haben wir ihnen zugewinkt; aber von drüben kam keine Reaktion. Es war ein grauenhafter Zustand, dass unser Vaterland in Ost und West geteilt war. Nun aber sollte es möglich sein, wenn auch nur für zwei Tage im November, den Grenzstreifen zu überschreiten.

Großburschla ist ein Dorf, von dem der größere Teil im Osten und der kleinere Teil im Westen liegt. Der riesige Stahlverhau war auf einer Länge von vielleicht fünfzehn Metern abgebaut worden. Die Brücke über die Werra und der Weg waren mit Sträuchern und Bäumchen bewachsen. Ein Bagger war gerade bei der Arbeit, einen Zugang zum Osten freizuschaufeln. Etwa 1-1,5 km lang war der Weg. Es wurde mit Hochdruck gearbeitet. Man konnte nur zu Fuß nach Großburschla Ost gelangen.

Ich überlegte, wie ich nun die Menge der Bücher dorthin schaffen könnte. So borgte ich mir einen alten, großen, stabilen Korbkinderwagen aus, füllte ihn bis zum Rand mit den kostbaren Schriften und legte darauf noch Bananen und Schokolade. So zogen mein Mann und ich los. In den Händen hielt jeder noch eine Tragetasche. Da ich unauffällig erscheinen wollte, zog ich mir mein rotes Wollkopftuch an, das mich wunderbar wie eine sehr alte Oma aussehen ließ.

Auf dem Überweg herrschte lebhafter Personenverkehr. Es war nicht auszumachen, wer zum Osten oder Westen gehörte. Höchstens die großen Einkaufstaschen gaben einen Hinweis, dass in Großburschla West oder in Eschwege tüchtig eingekauft worden war. Etwas mitleidig schauten mich die Menschen an; „Na, haben Sie sich auch drüben Ihr Begrüßungsgeld abgeholt und sich mit Westwaren eingedeckt?" Ich schwieg und legte einen Schritt zu. Die Volkspolizisten warfen einen kurzen Blick auf meinen Pass und ließen mich die Grenze überschreiten. In den Kinderwagen schauten sie überhaupt nicht hinein. Das war auch gut so.

In Großburschla Ost ging ich von Haus zu Haus und übergab den Bewohnern ein christliches Buch, das ich selbst geschrieben hatte. Eine ältere Dame in Trauerkleidung schaute sich das Titelblatt genauer an mit dem Titel: „Ich staune über Gottes Führung".

Dann sprach sie mich an: „Ich habe vor zwei Monaten meinen Mann verloren, an Herzversagen ist er gestorben. Ach, wenn er doch auch noch die Grenzöffnung erlebt hätte. Wie sehr hätte er sich gefreut. Aber leider blieb ihm das verwehrt."

In einem Haus freuten sich die Leute so sehr, als sie hörten, dass ich von Marburg käme, dass sie mich in ihre gute Stube baten und mich mit Kaffee und Kuchen versorgten. Zwei Straßen weiter bot mir ein junger Mann einen Schnaps an. „Sie sind ja ganz durchgefroren. Trinken Sie nur, das wird Sie erwärmen." Als ich an einem Ladengeschäft vorbeikam, nahm ich einen Stoß von etwa zwanzig Büchern aus dem Kinderwagen, stellte mich an die Kasse und legte jedem Kunden ein Buch in seinen Einkaufskorb. „Bitte, heben Sie für uns auch ein Buch auf!", bat mich eine Verkäuferin. „Bücher sind nämlich hier im Sperrbezirk Mangelware."

Inzwischen war es dunkler geworden, und mein Vorrat war bis auf zwei Kinderbücher zusammengeschrumpft. In der Ferne sah ich ein schwach erleuchtetes Haus. Dorthin zog es mich. Ich schreckte noch nicht einmal vor einem Hund zurück, der mich ankläffte. Plötzlich entdeckte ich im Halbdunkel einen Schaukasten und konnte gerade noch lesen: „Landeskirchliche Gemeinschaft". War das eine Überraschung für mich! Ich wusste, hier würde ich Glaubensgeschwister antreffen. Mutig klopfte ich an die Tür, und eine Frau trat mir entgegen.

„Sie glauben gar nicht, wie sehr ich mich freue, dass ich Ihnen hier begegnen kann. Wir kommen aus Marburg und gehören auch zur Landeskirchlichen Gemeinschaft", begrüßte ich sie.

Etwas zögerlich kam die Frau auf mich zu. Sie musste vorsichtig sein, denn ich hätte ja auch ein Spitzel sein können. Ich drückte ihr die beiden Kinderbücher in die Hand. „Ich werde mit meinem Mann an unser Auto gehen. Wir haben dort noch jede Menge Bücher. Bis 21 Uhr ist es ja gestattet, hinüber und herüber zu gehen." Die Frau holte noch einen Bekannten von der Statur eines Riesen herbei. Er sollte uns beim Tragen helfen. So schafften wir die zweite Ladung herbei. An den Kinderwagen banden wir nun unser Abschleppseil. Ich zog, mein Mann schob, und der Riese trug zwei schwere Koffer. So brachten wir mit vereinten Kräften die Bücher sicher zum Haus der Landeskirchlichen Gemeinschaft.

Als wir unser Lesegut auf dem Tisch ausgebreitet hatten, liefen der Christin die Tränen über die Wangen. Sie war gerührt. „Schauen Sie, Frau Bormuth, was wir auf unserem Büchertisch haben. Es sind ein paar Spruchkarten, das ist alles. Jetzt weiß ich, was ich meinen Kindern zu Weihnachten schenken werde. Ich bin nämlich Leiterin des evangelischen Kindergartens und der Jungschar. Danke, vielen Dank!"

Ich hatte etwa 100 Kinderbücher eingepackt. Wir wechselten dann noch ein paar liebe Worte und stärkten uns in unserem

Glauben an Christus. Dann drückte ich meiner Mitchristin noch 2000 DM von meinem Opfergeld in die Hand, die ich vorsorglich mitgenommen hatte. Hier war das Geld gut angebracht.

„Ich werde gleich morgen früh nach Eschwege fahren und Farbe und Tapeten kaufen. Damit können wir unseren Saal renovieren. Er hat es dringend nötig. Das sehen Sie ja. Aber hier im Sperrgebiet gab es weder Farbe noch andere Malerutensilien." Dann verabschiedeten wir uns herzlich.

Einige Monate später, als alle Grenzen und die Mauer in Berlin gefallen waren, erhielt ich einen Brief:

„Herzlichen Dank für alle Hilfe. Die Bücher haben wir auch an die Gemeinschaftsleute in den Außenbezirken weitergegeben. Unseren Saal konnten wir mit Ihrer Hilfe renovieren. Wir haben die erste Evangelisation durchgeführt, die Gott sehr gesegnet hat. Glaubensgeschwister aus der Landeskirchlichen Gemeinschaft Heinebach im Westen haben uns dabei tatkräftig mit ihrem gemischten Chor und ihren Posaunen unterstützt."

Mich hat dieser Brief sehr gefreut, und noch heute, fünfzehn Jahre nach der Wiedervereinigung, stehe ich brieflich mit Großburschla in Verbindung.

Die Telefonseelsorge

Zu einer meiner wichtigsten und zugleich schwersten Aufgabe zählte der Dienst in der Telefonseelsorge. Über 25 Jahre war ich ehrenamtliche Mitarbeiterin und habe besonders viele Nachtschichten übernommen, weil ich mich am Tag nicht so leicht von der Familie lösen konnte. Manche Nächte waren hoch dramatisch. Wenn ich diese Zeit an meinem inneren Auge vorübergehen lasse, dann erinnere ich mich an die vielen Male, wo ich mit Gottes Hilfe Menschen vor dem Selbstmord bewahren konnte.

Ich denke an eine Frau, die in der Silvesternacht anrief. Zunächst hörte ich nur klassische Musik und ich dachte schon, da erlaube sich jemand einen Scherz. Aber nach mehrmaligem inständigen Bitten meldete sich eine junge Frau: „Sterben will ich, nur noch sterben. Ich habe eine genügend hohe Dosis von Medikamenten eingenommen. Das wird ausreichen, um mich ins Jenseits zu befördern. Sie müssen wissen, ich packe das Leben nicht mehr. Ich bin enttäuscht, maßlos enttäuscht. Mein Freund hatte mir den Himmel auf Erden versprochen, und als ich schwanger wurde, hat er sich einfach aus dem Staub gemacht."

„Wie alt ist denn Ihr Kind?" Ich versuchte Einzelheiten über meine Anruferin herauszufinden, denn nur so könnte es mir vielleicht gelingen, die Verzweifelte zu retten.

„In drei Tagen wird Jacqueline vier."

„Aber um Ihres Kindes willen dürfen Sie Ihr Leben nicht wegwerfen. Jacqueline braucht Sie."

„Ja, diese Frage hat mich auch bewegt. Aber ich habe eine Mutter. Sie wird für meine Tochter sorgen. Das tut sie jetzt schon; denn gleich nach der Geburt hat sie sich bereit erklärt, die Kleine großzuziehen, damit ich meine Ausbildung zur Bibliothekarin beenden könnte. Meine Mutter steht meiner Tochter näher als ich. Das Kind wird mich nicht vermissen."

Wir führten ein längeres Gespräch, in dem ich versuchte, meine Anruferin dazu zu bewegen, mir ihre Adresse mitzuteilen. Aber dieses Geheimnis gab sie nicht preis. Angst packte mich. Ich merkte, wie ihre Stimme immer leiser wurde. Manchmal stockte sie mitten im Satz. Ich schickte Stoßgebete zu

Gott, er möge mir Weisheit schenken, denn die Zeit rannte mir davon. Wie lange würde ich noch mit ihr reden können? Jeden Augenblick könnte das Gespräch unterbrochen werden; denn sie machte schon einen schwachen Eindruck auf mich.

Auch die junge Mutter wurde von Angst überfallen, denn sie sah jetzt den Tod vor Augen. Ihre Stimme zitterte bei jedem Satz. Da war es mir eine gute Eingebung, dass ich ihr vorschlug: „ Ich komme jetzt zu Ihnen, um Ihnen in Ihrer Angst beizustehen. Sagen Sie mir bitte Ihre Adresse."

„Das könnte Ihnen so passen", schimpfte sie. „Sie holen die Bullen, und wie steh ich dann da? Die Polizei wird mich in die Klapsmühle einweisen, und da will ich wirklich nicht hin."

Ich versprach ihr: „Ich komme ganz allein, ich will nur Ihre Hand halten." Daraufhin lenkte sie ein. Sie nannte mir Straße und Hausnummer. Ich rief noch ins Telefon: „Bitte, schließen Sie schon die Haustüre auf."

Ich war mir nämlich nicht sicher, ob sie in einigen Minuten noch die Kraft haben würde, mir die Tür zu öffnen. Ich informierte einen Mitarbeiter, der mich in der Telefonseelsorge ablöste. Dann rief ich die Polizei, den Schlüsseldienst und den Notarztwagen an. Mit einem Auto ließ ich mich zu ihr bringen. Als ich vor dem herrlichen großen Haus stand, war die Tür verschlossen. Auf mein Klingeln hin öffnete niemand. Also wurde das Schloss blitzschnell vom Schlüsseldienst geöffnet. Ich bat die Polizei, mich zunächst allein zu meiner Anruferin gehen zu lassen, weil ich ihr dies versprochen hatte. In dieser weiträumigen Wohnung musste wohl zuvor ein Fest gefeiert worden sein. Überall standen Salate, Gläser, Getränke und sonstige Leckerbissen herum. Ich ging von Zimmer zu Zimmer und rief laut; aber niemand meldete sich. Zweifel kamen in mir auf, ob die Selbstmordgefährdete mich vielleicht bewusst in eine ganz fremde Wohnung gelockt hatte. Ich suchte im Bad und in der Küche nach ihr und ging dann noch einmal ins Wohnzimmer. Plötzlich hörte ich ein Knurren. Auf einer Couch, unter vielen Kissen und Decken versteckt, entdeckte ich eine zierliche Gestalt. Sie hatte schon das Bewusstsein verloren. Ich gab dem Notarzt und der Polizei ein Zeichen, sofort die Anruferin in die Klinik zu bringen.

Am nächsten Tag rief ich den Professor an, der für die Station der Selbstmordgefährdeten zuständig war, und erkundigte mich nach ihrem Ergehen. „Beinahe wäre es zu spät gewesen", teilte er mir mit, „aber die Patientin konnte noch gerettet werden. Es war uns hilfreich, dass Sie uns die Medikamente, die sie geschluckt hatte, auf einem Zettel aufgeschrieben und an uns weitergeleitet haben. So konnten wir gleich gezielt Gegenmittel einsetzen. Ihr Herz war nämlich schon geschädigt." Die Namen der Tabletten hatte sie mir schon im Gespräch mitgeteilt.

Ich atmete erleichtert auf.

Ein paar Tage später wollte ich die junge Mutter in der Klinik besuchen. In der Hand hielt ich einen Blumenstrauß und ein Buch. Ich meldete mich beim Stationspfleger an. Als er ihr mitteilte, dass die Dame von der Telefonseelsorge sie besuchen wolle, schrie sie laut: „Diese Type kann mir gestohlen bleiben. Sie hat mich doch an die Bullen verraten. Sie soll bloß zusehen, dass sie auf schnellstem Wege verschwindet. Nie will ich sie sehen."

Etwas bedrückt ging ich mit meinen Blumen in der Hand die Treppe hinunter. Das war kein guter Tag für mich.

Es mochten vielleicht drei Monate darüber vergangen sein, als ich es noch einmal versuchte, zu ihr Kontakt aufzunehmen. Als ich mich am Telefon meldete, lachte sie auf: „Ach, Sie sind die Dame von der Telefonseelsorge, zu der ich so frech war. Bitte, verzeihen Sie mir. Ich war wirklich in einer verzweifelten Situation."

Wir tauschten ein paar freundliche Worte miteinander aus, und ich lud sie noch zu einer Vortragsreihe mit Peter Hahne ein, der vom Fernsehen her vielen als Nachrichtensprecher bekannt ist.

„Ja, ich komme. Vielen Dank für die Einladung. Aber ich will nicht abgeholt werden. Ich komme allein." Das waren die letzten Worte, die ich von ihr hörte.

Zwei Wochen später schaute ich am Morgen in die Zeitung. Ich war erschrocken, als ich unter der Rubrik „Todesanzeigen" Folgendes las: „Meine liebe Mami hat mich verlassen. Jacqueline" Ich war wie gelähmt und ließ die Zeitungsblätter auf den Fußboden fallen. Über diese Nachricht war ich todunglücklich. Ich machte mir auch Vorwürfe: Hätte ich Jacquelines Mutter nicht doch in ihrer Wohnung aufsuchen müssen? Ich wusste es nicht.

In meiner nächsten Nachtschicht löste ich Herrn Pfarrer Adamek, den Leiter unserer Telefonseelsorge, ab. Er fragte mich: „Na, Frau Bormuth, wie geht es Ihnen eigentlich?" Ich erzählte ihm von dem Selbstmord der jungen Mutter und fügte noch an: „Es ist am besten, wenn ich diese Aufgabe in der Telefonseelsorge niederlege. Ich habe versagt."

Pfarrer Adamek tröstete mich: „Frau Bormuth, tun Sie dies nicht. Bei all unserem Einsatz müssen wir einräumen, dass wir nicht Herren über das Leben von Menschen sind. Manchmal ist die Todessehnsucht so groß, dass wir hilflos sind. Gott allein wird das letzte Wort auch über Jacquelines Mutter sprechen, und es wird immer ein barmherziges Wort sein."

Dieser Zuspruch des Pfarrers hat mir die Angst genommen, versagt zu haben. Es war mir klar, dass ich weitermachen sollte.

Claudia

Unser Kontakt zu Claudia begann mit einem aufregenden Gespräch. In der Nacht von Gründonnerstag zu Karfreitag hatte mein Mann Dienst in der Telefonseelsorge. Der Apparat läutete so gegen 2 Uhr. Als er den Hörer abnahm, meldete sich eine junge Frau mit der Frage: „Vergibt Gott alle Schuld, auch einen Selbstmord?"

„Wie meinen Sie das eigentlich?", fragte er.

„Ich mag nicht mehr leben. Ich hätte in diesen Tagen mein Abitur machen müssen, aber ich leide schrecklich unter Prüfungsangst. Deshalb meldete ich mich einfach von der Schule ab. Wahrscheinlich hätte ich den Abschluss sogar recht gut geschafft, denn meine Zeugnisse waren immer im grünen Bereich, und in den Sprachen zeigte ich sogar hervorragende Leistungen. Was mir das Genick gebrochen hat, war Mathematik und Physik. Ich redete mir ein, dass ich in diesen beiden Fächern eine Fünf bekommen würde, und dies wäre nicht auszugleichen gewesen. So sagte ich meinen Klassenkameraden und den Lehrern: Ade! Mein Vater war entsetzt und hat mir dies schrecklich übel genommen. ‚Du bist ein Versager, ein Feigling. Man muss sich den Herausforderungen des Lebens stellen. Nie darfst du einfach die Flinte ins Korn werfen. Du aber kneifst vor dem Abitur. Nie wirst du studieren können. Das hast du dir nun vermasselt. Du weißt gar nicht, wie sehr du dir mit dieser Abmeldung geschadet hast, du mieser Versager! Ich hätte damals als junger Mensch gerne studieren wollen, aber meine Eltern waren Flüchtlinge und sehr arm. Es war unmöglich. Jetzt sind wir reich. Ich könnte dir gleich mehrere Studiengänge finanzieren. Es ist zum Mäusemelken, wenn man daran denkt, welche Chancen du dir jetzt verbaut hast.'

Ich liebe meinen Vater, und im Grunde muss ich ihm sogar Recht geben. Deshalb trifft mich seine Enttäuschung und sein Ärger besonders hart. Ich habe keinen Mut mehr zum Leben. Und deshalb werde ich aussteigen. Bis der nächste Morgen kommt, muss es geschehen sein. Ich habe mir auf dem Tisch 74 Tabletten in Türmchen aufgebaut. Ich werde sie schlucken, und dann habe ich endlich Ruhe."

Mein Mann verwickelte die junge Dame in

ein langes Gespräch und fragte sie wie bei-
läufig: „Wie soll ich Sie eigentlich nennen?
Soll ich Hulda oder Amalie zu Ihnen sagen?"

„Bitte, nennen Sie mich bloß nicht Amalie. Sagen Sie einfach Claudia zu mir."

So, das war erst mal ein wichtiger An-
haltspunkt. Mein Mann kannte nun den
Vornamen seiner Anruferin. Es folgte ganz
bewusst ein längerer Austausch über Schule,
Autos und Freunde. Mein Mann wollte Zeit
gewinnen.

„Claudia", setzte mein Mann von neuem
an, „draußen höre ich schon die Vögel singen. Ein neuer Tag ist angebrochen und somit für Sie eine neue Chance zum Leben.
Werfen Sie die Tabletten weg! Rufen Sie
mich dann vor acht Uhr noch einmal an!
Dann ist nämlich Schichtwechsel. Ich muss
wissen, dass Sie meine Anweisungen befolgt
haben."

Claudia versprach dies und hielt sich auch
an ihre Zusage. Mein Mann gab ihr dann
unsere private Telefonnummer durch. „Sie
können uns jederzeit anrufen, wenn es Ihnen schwer ums Herz ist." Dann verabschiedete er sich zunächst von seiner Anruferin.

Es folgten für uns aufregende Wochen,

ja Monate. Die Gespräche waren schwierig und zogen sich meist bis über eine Stunde in die Länge. Wir beteten und hofften, Claudia aus dem Tief in ihrer Seele heraushelfen zu können. Aber die Lage blieb angespannt. Wir rieten ihr, einen Psychiater aufzusuchen, aber dieses Ansinnen lehnte sie strikt ab. „Ich brauche keinen Psychiater!"

An einem Abend spitzte sich die Situation zu. „Ich kann nicht mehr, ich kann jetzt wirklich nicht mehr. Ich setze mich ins Auto und rase gegen den nächsten Brückenpfeiler. Mir fällt die Decke auf den Kopf. Ich bin verzweifelt."

„Claudia, kommen Sie doch zu uns", bat ich sie. „Nehmen Sie sich ein Taxi und lassen Sie sich nach Marburg in den Sperberweg bringen."

Reich war die junge Dame, das hatten wir aus ihren Gesprächen herausgehört. Ihr Vater war stolzer Besitzer eines gut gehenden Autohauses. Ums Taxigeld brauchte sie sich keine Sorgen zu machen. „Wir werden auf Sie warten, Claudia, und Sie auch nicht fragen, woher Sie kommen. Bleiben Sie die Nacht bei uns, ich richte Ihnen ein Bett. Am nächsten Morgen können Sie wieder den Heimweg antreten, ohne dass wir in Sie dringen, Ihre Adresse ausfindig zu machen."

„Ja, vielleicht", klangen ihre Worte leise durchs Telefon.

Im Wohnzimmer auf der Schlafcouch machte ich ihr das Bett. Ich wartete eine Stunde, dann zwei, ohne dass ein Taxi vor unserem Haus hielt. Ich wurde unruhig und informierte schließlich die Polizei im Raum Kassel, Hannoversmünden, denn aus dieser Gegend müsste Claudia kommen. Wir hatten nämlich im Laufe der vielen Gespräche jedes wichtige Detail zusammengetragen, um uns ein Bild zu machen, wo die Lebensmüde wohnen könnte. Alle Einzelheiten gaben wir nun an die Polizei weiter. Es begann eine Suchaktion, um Claudias Leben zu retten. Entsetzliche Angst überfiel uns, denn ihre Andeutungen ließen keinen Zweifel zu, dass sie ihre Selbsttötung wahr machen würde. Wir selbst blätterten in den Telefonbüchern und weckten Firmenchefs von Autohäusern aus dem Schlaf. Immer wieder fragten wir nach Claudia. Gegen drei Uhr rief die Polizei noch einmal bei uns an und fragte, ob wir denn nicht noch mehr Anhaltspunkte für die Suche wüssten, denn bis jetzt sei all ihr Bemühen erfolglos geblieben.

Da kam mir noch die Deckadresse in den Sinn. Mein Mann hatte Claudia einige Bücher an eine Deckadresse geschickt, die ihr über ihre seelischen Tiefs hinweghelfen sollten. Diese Adresse gab ich dem Polizisten durch. Sie brachte die Beamten auf eine sichere Spur. Es war nämlich die Adresse von Claudias Freundin.

Morgens gegen fünf Uhr stand die Polizei vor Claudias Tür. Sie brachen sie auf und holten die junge Frau heraus. Ganz benommen vom Gift der Tabletten wurde Claudia in die Klinik gefahren. Ihr Leben konnte gerettet werden. Die Eltern waren ganz entsetzt, als ihnen der Selbstmordversuch ihrer Tochter am Morgen von den Beamten mitgeteilt wurde. Sie kamen gleich am nächsten Tag zu uns, um Einzelheiten über Claudias Probleme zu erfahren. In der Begegnung mit ihren Eltern hatte sie sich nie etwas anmerken lassen, wie tief sie in einer Depression steckte. Sie wohnte ja auch nicht mehr zu Hause, sondern lebte in einem eigenen Appartement, das der Vater für sie gekauft hatte. Es war den Eltern unbegreiflich, wie

Claudia in solch eine schreckliche Verzweiflung geraten konnte.

Eine Woche später, nachdem Claudia wieder aus dem Krankenhaus entlassen war, meldete sie sich bei uns. Sie war ärgerlich und schimpfte durch den Hörer: „Wie konnten Sie mir das nur antun? Sie haben mich verraten. Ich habe Ihnen mein Vertrauen geschenkt, und Sie missbrauchen es. Ich bin so enttäuscht von Ihnen."

„Claudia, wir hätten gar nicht anders handeln können. Ihr Leben ist wertvoll. Ich lade Sie ein, besuchen Sie uns doch einmal. Jetzt, da keine Geheimnisse zwischen uns stehen, müsste es Ihnen leichter fallen. Ich würde mich sehr über eine Begegnung mit Ihnen freuen. Kommen Sie doch!"

Zwei Tage später stand Claudia vor unserer Tür. Ich nahm sie einfach in die Arme. Sie war mir durch all die Gespräche so nahe gekommen. Es wäre entsetzlich gewesen, wenn dieser schöne, begabte junge Mensch seinem Leben ein Ende gesetzt hätte. Claudia zitterte am ganzen Körper. Ich nahm sie in unser Wohnzimmer, und an dem Abend redeten wir nicht viel miteinander, aber die wenigen Worte waren wesentlich. Wir beteten noch mit Claudia, und ich schenkte ihr ein Neues Testament. Dann setzte sie sich wieder in ihren Golf und fuhr nach Kassel zurück.

Es folgten gute Kontakte und regelmäßige Besuche. Claudia verbrachte manches Wochenende in unserer Familie. Sie freundete sich auch mit unseren Kindern an. Außerdem luden wir sie zu christlichen Veranstaltungen ein und versuchten, in langen, hilfreichen Gesprächen über ihre Probleme zu reden. Es folgten noch mehrere dramatische Nächte, in denen die junge Frau vom Lebensüberdruss gepackt wurde. Aber jetzt blieb sie nicht allein in ihrer Not, sondern suchte uns auf. Ich habe manche Nachtstunden mit ihr verbracht, in denen ich mit ihr betete, Lieder sang oder Psalmen las. Manchmal schwiegen wir auch lange, und ihr aufgewühltes Herz kam zur Ruhe. Morgens in der Frühe verließ sie uns dann wieder und fuhr zu ihrer Arbeitsstelle. Es waren bewegte Wochen und Monate. Eigentlich hätte Claudia professionelle Hilfe in Anspruch nehmen müssen, aber sie lehnte es kategorisch ab, einen Psychologen oder Nervenarzt zu Rate zu ziehen. Diese seelischen Verstimmungen dauerten etwa eineinhalb Jahre an.

Dann aber ging es ihr gesundheitlich besser. Sie besuchte nun regelmäßig einen Jugendkreis in ihrer Nähe und fand auch den Weg in die Lebensgemeinschaft mit Jesus.

Eines Abends rief Claudia mich an: „Frau Bormuth, ich habe nun seit sieben Monaten einen sehr netten und lieben Menschen kennen gelernt. Ich habe Ihnen doch schon von Klaus erzählt. Wir haben uns entschlossen, zusammenzubleiben, und wir wollen am 29. März heiraten. Sie sind die Erste, die von unserer Hochzeit erfährt. Ich weiß um Ihre vielen Termine, die Sie wahrnehmen müssen. Planen Sie diesen Tag in Ihrem Kalender fest ein. Wir möchten an unserem großen Tag die Menschen um uns haben, die uns in unserem Leben wichtig geworden sind. Bitte, kommen Sie."

Es war uns keine Frage, dass wir zu Claudias Hochzeit fuhren, und es wurde ein großartiges Fest mit vielen Gästen. Das Programm für die Trauung in der Kirche hatte Claudia selbst zusammengestellt. Als erstes Lied ließ sie singen: „Bis hierher hat mich Gott gebracht durch seine große Güte."

Wer die Lebensumstände der Braut kannte, wusste, warum sie gerade dieses Lied ausgewählt hatte. Ihr Trauspruch war dem Psalm 23 entnommen: „Der Herr ist mein Hirte, mir wird nichts mangeln." Im Stillen fragte ich mich: „Claudia, trifft dieses Hirtenwort wirklich auf dich zu? Gerade du hast doch den Mangel so tief durchleiden müssen. Kannst du fröhlichen Herzens sagen: ‚Mir wird nichts mangeln?'"

Aber nun war Christus ihr Herr, und ihm hat sie sich anvertraut. Der gute Hirte, Jesus, wird die Verantwortung für ihren Lebensweg übernehmen. Das machte ihr und mir Mut. „Claudia", durfte ich mir im Stillen eingestehen, „du hast das rechte Wort zur Trauung ausgesucht. Jesus wird immer zu euch stehen und euch beschützen und behüten. Niemand wird euch aus seiner Hand reißen, und ihr werdet keinen Mangel haben."

Als der Gottesdienst zu Ende war, zog Claudia mit ihrem Klaus am Arm aus der Kirche. Plötzlich erblickte sie mich unter den Hochzeitsgästen. Da ließ sie ihren frisch angetrauten Ehemann einfach stehen und kam mit wehendem Schleier auf mich zu. Sie umarmte mich und sagte: „Frau Bormuth, erinnern Sie sich noch an das Wort, das Sie mir einmal durchs Telefon zugerufen haben?

‚Wer glaubt, flieht nicht!‘ Sie rieten mir, dieses Jesaja-Wort auf kleine Zettel zu schreiben und sie überall da anzubringen, wo ich in Gefahr stand, mir das Leben zu nehmen: an das Lenkrad meines Golfs, an den Gashahn und an den Medikamentenschrank. Dieses Gotteswort hat mich vor der Selbsttötung bewahrt. Danke, Frau Bormuth. Danke!“

Claudia eilte schnell wieder zu ihrem Mann zurück. Mich aber bewegte noch lange das Wort vom Glauben, der uns nicht fliehen lässt.

Im Anschluss an die Trauung fuhren wir in ein vornehmes, exquisites Restaurant. Auf den Tischen waren so viele Gläser und Bestecke aufgedeckt, dass ich gar nicht wusste, wie ich hier essen sollte. Fast wäre ich hungrig wieder nach Hause gefahren, weil ich Angst hatte, mich zu blamieren. In solch erlauchter Gesellschaft bewege ich mich sonst nicht. Aber dann lockten mich doch die herrlichen Köstlichkeiten vom Büffet, und ich ließ es mir gut schmecken.

Spät abends wollten wir dann heimfahren. Claudias Eltern begleiteten uns noch bis zu unserem Auto. „Wir möchten Ihnen, liebes Ehepaar Bormuth, sehr herzlich danken für all Ihre Hilfe und Ihren Einsatz. Ohne Sie hätten wir diesen herrlichen Tag nicht erleben können. Vielen Dank!"

Wir haben diesen Dank gerne angenommen und an den weitergegeben, der das Leben von Claudia bewahrt und bisher wunderbar geführt hat.

Heute ist Claudia Mutter von zwei wunderbaren Kindern.

Sören ist tot

Mir war klar, ich sollte Frau Kannengießer anrufen; denn ich ahnte, wie zerrissen ihr Herz durch den plötzlichen Tod ihres Sohnes sein würde. Sören hatte Selbstmord begangen, und mit diesem Freitod hatte die Mutter nie und nimmer gerechnet. Gewiss, sie wusste um seine Sucht durch Alkohol und Drogen, aber sie hatte die Hoffnung nie aufgegeben, dass ihrem Jungen doch noch geholfen werden könnte. Für Sören hatte sich die Mutter abgemüht, ja besser gesagt, abgerackert. Sie hatte ihn auf seinem notvollen Weg begleitet, hatte gehofft und war dann auch wieder am Boden zerstört, wenn sich ihre Hoffnungen nicht erfüllten. Kein Außenstehender kann erahnen, was Eltern von Drogen- und Alkoholsüchtigen durchstehen.

Ich lernte Sören kennen, als er nach einer erfolgreich abgeschlossenen Therapie in unserem Haus um Aufnahme bat. Einer unserer Söhne war zum Studium nach Tübingen gezogen, und so stand sein Zimmer leer. Sören verheimlichte seine Suchtprobleme nicht, und das machte ihn mir vertrauenswürdig. Ich wollte ihm eine Chance geben und sah ja auch ein, dass er unbedingt ein Dach über dem Kopf brauchte. Da ich zum Vorstand der Drogenhilfe Metanoia in Frankfurt gehöre, sind mir Suchtprobleme gut bekannt. So kam Sören von der Suchtstation der Psychiatrie direkt zu uns. Seine Mutter begleitete ihn und richtete ihm sein Zimmer nett ein. Seine Kleider und Wäsche lagen wohl geordnet im Schrank. Sie versorgte ihn auch mit Geschirr und Töpfen. „Junge, es geht aufwärts mit dir. Du hast eine Chance. Nutze sie!", ermutigte sie ihn noch, bevor sie sich von ihm verabschiedete. Ein halbes Jahr lief alles aufs Beste. Sören besuchte eine Einrichtung, in der er durch eine regelmäßige Arbeit wieder ins normale Leben finden sollte. So war sein Tag gut strukturiert. Das Sozialamt hatte die Kosten für seine Miete und seinen Lebensunterhalt übernommen, und so schien alles gut zu werden.

Das Malheur begann, als Sören auf einem Ausflug nach Frankfurt alte Kumpels von früher traf. Plötzlich tauchten diese düsteren Gestalten bei uns auf, besuchten ihn und zogen abends mit ihm durch die Stadt. Mit diesen angeblichen „Freunden" begann sein Niedergang. Sören wurde rückfällig, kam betrunken nach Hause, randalierte, hatte plötzlich keinen Pfennig mehr in der Tasche und vernachlässigte seine Arbeit. Er veränderte sich zum Schlechten hin. Wie konnte aus einem freundlichen, liebenswerten jungen Mann ein schimpfender, schreiender, polternder und aggressiver Mensch werden? Einmal wollte er Geld von mir borgen. Weil ich es ihm nicht gab, drohte er mir mit der Faust. Ein langes Messer konnte ich ihm gerade noch abnehmen und in ein Zimmer flüchten, das ich schnell abschloss. Mit seinen Stiefeln stieß er wütend gegen die Tür. Ich zitterte vor Angst und hätte mir in dieser Situation nichts sehnlicher gewünscht, als dass mein Mann zu Hause gewesen wäre. Zum Glück beruhigte sich Sören wieder, warf sich auf sein Bett und schlief bald ein.

Einen Tag und eine Nacht ließ er sich nicht blicken, und ich machte mir Sorgen, ob er überhaupt noch lebte. Ich schlich mich zu ihm und horchte. Sein Atem ging ruhig. So ließ ich ihn seinen Rausch ausschlafen. Als Sören wieder bei Sinnen war, entschuldigte er sich bei mir: „Frau Bormuth, das soll nicht wieder vorkommen. Bitte, verzeihen Sie mir." Ich reichte ihm meine Hand und bat, dass er sich von seinen wüsten Saufkumpanen und Drogenfreunden fern halten sollte. Aber von der Zeit an wünschte ich mir nichts sehnlicher, als dass Sören auszöge und sich eine andere Wohnung suchte. Kündigen wollte ich ihm allerdings nicht. Jeder Mensch hat eine zweite Chance verdient, sagte ich mir.

Frau Kannengießer kam mindestens einmal im Monat, brachte ihrem Sohn frische Wäsche und putzte sein Zimmer gründlich. Ehe sie wieder heimfuhr, stellte sie ihm immer noch einen Korb mit herrlichen Lebensmitteln auf den Tisch. Sie setzte Zeichen, was Mutterliebe vermag. Ihre Rente betrug nur 653 Euro, und so ging sie in der Nachbarschaft und beim Apotheker putzen und verdiente sich etwas hinzu, um für ihren Sohn zu sorgen. Außerdem hatte sie seine kleine Tochter Sabrina in Pflege. Sabrina war sechs Jahre alt und lebte nach dem frühen Tod ihrer Mutti bei der Oma. Ihre Mutter hatte sich in einem Anfall geistiger Verwirrung und Verzweiflung vor einen Zug geworfen, als das Kind gerade anderthalb Jahre alt war.

So hat das Mädchen seine Mutter nie kennen gelernt. In wunderbarer Weise sorgte nun die Oma für die Kleine und brachte Sabrina öfter mit zu uns. Dann gab ich ihr Malstifte und einen großen Bogen Papier. Damit saß sie bei mir auf der Eckbank und zauberte den Mond, die Sonne, ein Haus und ihren Papa aufs Papier. Wenn Frau Kannengießer mit ihrer Putzarbeit fertig war, kam sie gerne noch einmal herauf zu mir. Sie teilte mir ihre Sorgen und ihren Kummer mit und erzählte mir auch, wie sehr es ihr Not machte, dass Sören nicht mehr zu ihr nach Hause kommen konnte. Er hatte einmal einen heftigen Streit mit der Hauswirtin angezettelt und ihr in einem Anfall von Wut durch einen Faustschlag ins Gesicht die Lippe verletzt. Daraufhin hatte Sören Hausverbot erhalten.

„Wie gerne würde ich meinen Sohn zu Hause aufnehmen, natürlich nicht für immer; denn sein Einfluss wäre auch für Sabrina nicht gut. Aber zu Besuch könnte er dann wenigstens kommen. Ich würde ihm ein Hähnchen braten oder Rouladen mit Knödeln auf den Tisch stellen. Aber ich darf es nicht. Mir sind mit dem Hausverbot die Hände gebunden. Ab und zu lade ich Sören in ein Café ein, damit der Kontakt zu seiner Tochter erhalten bleibt. Aber das geschieht nur selten, da es mir meine finanziellen Verhältnisse nicht öfter erlauben. Ahnen Sie, Frau Bormuth, wie sehr mir das Herz blutet, wenn Sören an meiner Tür klingelt und ich sie ihm nicht öffnen darf? Wenn ich mich nicht mit ihm in ein Café setzen kann, gehe ich zum Supermarkt und packe ihm den Rucksack mit Lebensmitteln voll. Aber ich bin oft so verzweifelt, dass mir der letzte Funken Hoffnung zu schwinden droht. Hätte ich nicht meinen Glauben an Gott, ich müsste verzweifeln. Ich hätte dann längst meinen Sohn aufgegeben." So schilderte mir die Mutter ihre Not. Ich tröstete sie: „Aber ein Kind so vieler Gebete kann doch nicht verloren gehen?"

„Ja, da haben Sie Recht", pflichtete mir die Mutter bei, „aber wenn ich ehrlich bin, fehlt mir oft der Mut zu glauben, mein Sohn könnte sich zum Guten verändern."

In den zwei Jahren, in denen Sören bei uns gewohnt hat, ist er immer mehr in den Sumpf von Drogen und Alkohol gesunken.

Eines Tages aber schien sich eine Wende anzubahnen. Sören teilte mir mit, sein Sozialarbeiter habe erreicht, dass er in eine Einrichtung käme, die die Doppeldiagnose Alkohol- und Drogenabhängigkeit therapiere. Seit wenigen Wochen gäbe es in unserer Stadt diese neue Einrichtung. Vielleicht könnte er auf diesem Wege Befreiung von der Sucht erreichen. Sören kündigte das Zimmer, und ich war darüber erleichtert. In drei Monaten könnte er ins Therapiezentrum übersiedeln. Aber je näher der Termin des Auszugs kam, desto auffälliger und unruhiger wurde Sören. Seine Angst steigerte sich und somit auch sein aggressives Verhalten.

An einem Nachmittag saß ich an meinem Schreibtisch und arbeitete an meinem neuen Buch. Plötzlich hörte ich ein lautes Klirren. Ich eilte zur Haustür und schaute die Straße hinunter. Es kam mir so vor, als wären Scheiben zerbrochen, und ich dachte, ein Autounfall sei passiert. Aber weit und breit war nichts zu sehen. Ich wollte schon wieder die Tür schließen, da sagte mir ein junger Mann: „Frau Bormuth, schauen Sie sich mal Ihr Küchenfenster an." Es war eingeschlagen. Der Zerbruch trug die Handschrift von Sören. Bei diesem Schlag – er soll ihn mit seiner Faust ausgeführt haben – hatte er sich ziemlich stark verletzt. Ich war erschrocken und atmete erst einmal tief durch, um mich zu beruhigen. Dann bestellte ich den Glaser.

Ich war erleichtert, als Sören endlich ausgezogen war. Warum nur hatte er sich zuvor einen solch dramatischen Abgang verschafft? Er wollte wohl seinen Frust loswerden, dass er sich erneut in eine Therapie begeben musste.

Lange hörte ich nichts von Sören. Doch eines Tages rief er bei mir an und fragte, ob er denn wieder bei uns einziehen könnte. Ich war froh, dass alle Zimmer belegt waren. Nach all den belastenden Erfahrungen hätte ich Sören sowieso nicht mehr bei uns aufgenommen. Er hatte seine teure Therapie abgebrochen und stand jetzt auf der Straße.

Es mochte vielleicht wieder ein Jahr vergangen sein, da hörte ich, Sören habe sich das Leben genommen. Er habe zuletzt in der Innenstadt gewohnt, sei aber von seiner Wirtin vor die Tür gesetzt worden. Er hatte nämlich überall im Zimmer Kerzen aufgestellt und dann den Raum verlassen. Die Kerzen setzten die Matratze, den Tisch und den Teppich in einen Schwelbrand. Nun wusste Sören überhaupt nicht mehr, wo er hingehen sollte. Sein Arzt wies ihn in die Psychiatrie ein. Sein Zustand war desolat. Aber nach gar nicht langer Zeit verließ er auf eigenen Wunsch die Klinik. An einem Sonntagabend warf er sich auf einem kleineren Bahnhof vor einen Zug. Es war genau 20 Uhr 23, als ihn der Intercity erfasste und 500 Meter mitschleifte. Er stürzte sich genau an der gleichen Stelle in den Tod, wo sich seine Frau sechs Jahre zuvor das Leben genommen hatte.

Dieses tragische Geschehen teilte mir seine Mutter mit. Ich hatte sie angerufen, weil ich sie trösten wollte. Die Mutter war eine Christin. Das wusste ich aus der Begegnung mit ihr. Ich ahnte, wie sehr sie litt. Fast zwei Stunden telefonierten wir miteinander. Ich gewann den Eindruck, dass sie sich ihr Leid von der Seele reden wollte. Ja, sie freute sich sogar, dass ich am Leben ihres Sohnes Anteil nahm.

„Sie hätten Sören vor seiner Drogenkarriere kennen lernen müssen, Frau Bormuth. Er war ein so liebenswürdiger junger Mensch. Aber die Sucht hat ihn total zum Bösen verleitet. Sören war ein aufgeweckter, sehr intelligenter Schüler. Er schaffte sein Abitur mit hervorragenden Noten. Im Anschluss daran musste er seinen Zivildienst ableisten. Damals war es schwierig, einen guten Platz zu bekommen. Die geburtenstarken Jahrgänge drängten ins Leben hinein. Sören sollte in der Psychiatrie Zivildienst leisten und wurde der geschlossenen Abteilung zugewiesen. Diese neue Aufgabe war natürlich für meinen sensiblen Sohn eine Überforderung. Er litt mit den Kranken und wurde in seinem Gemüt bedrückt.

Während eines Kurzurlaubs fuhr er mit zwei Krankenschwestern nach Holland. Dort wollten sie mit den Rädern das herrliche Land erkunden und sich an der Nordsee erholen. Zandvoort, diesen wunderschönen Badeort, hatten sie sich ausgesucht. Aber dieser Urlaub wurde ihm zum Verhängnis. Er kam in den Dünen mit Jugendlichen in Berührung, die ihn zum Drogenkonsum verführten. Wie dies geschah, lässt sich im Nachhinein nicht wieder rekonstruieren. Er war so voll gestopft mit Kokain, dass er nicht mehr wusste, was um ihn herum geschah. Sein Geld hatten ihm die Junkies natürlich abgenommen. Sie brachten ihn nach Amsterdam, und dort irrte er umher und fand noch nicht einmal den Weg zurück zur Jugendherberge. Die beiden Krankenschwestern suchten ihn überall, konnten ihn aber nicht finden. Nach drei Tagen meldeten sie Sören bei der holländischen Polizei als vermisst. Er wurde aufgegriffen, war aber körperlich und seelisch total fertig. Die Polizei setzte sich mit uns Eltern in Verbindung und brachte ihn bis an die holländische Grenze. Dort holten wir ihn mit dem Auto ab. Wir waren entsetzt, als wir unseren Sohn in seinem verwahrlosten Zustand sahen. Er litt unter Wahnvorstellungen. Auf seiner Stelle als Zivi arbeitete er nicht mehr bei den Kranken, sondern war nun selber Patient geworden. Er wurde nach einer längeren Behandlung wieder entlassen. Es ging ihm wesentlich besser. Nachdem er seinen Zivildienst beendet hatte, begann er mit seinem Studium der Kunst und Philosophie. Aber nach zwei Jahren holte ihn die Sucht wieder ein. Jetzt war es der Alkohol. Er vernachlässigte sein Studium, und wenn er Geld in den Fingern hatte, griff er auch zu Drogen. Was ich als Mutter in dieser Zeit mitgemacht habe, lässt sich nicht beschreiben. Mehrere Therapien hat er abgebrochen, und für mich folgten 18 Jahre seiner Alkohol- und Drogenkarriere. Immer wieder musste er in die Psychiatrie aufgenommen werden. Dort lernte er auch seine Frau kennen, die wegen einer Schizophrenie behandelt wurde. Ines wurde schwanger, und die beiden heirateten. Sabrina erblickte in der Frauenklinik das Licht der Welt, ein schönes, kräftiges Kind. Oft war Ines nicht in der Lage, das Baby zu versorgen, und so kam Sabrina in meine Hände. Ines kannte gute Tage, an denen sie Lebensmut gewann. Dann aber wurde sie wieder von heftigen Depressionen und Wahnvorstellungen eingeholt. In einer solchen Zeit geistiger Umnachtung war es ihr gelungen, die Psychiatrie heimlich zu verlassen. Drei Stunden später hat sie dann Selbstmord begangen.

Für Sören war dieser Tod ein Schock. Mir blieb nicht viel Zeit zum Trauern, denn ich musste mich um Sabrina kümmern. Das Sorgerecht wurde mir vom Jugendamt zuerkannt. Das Kind war mein ganzes Glück und hat mir über viele anfechtungsreiche Stunden hinweggeholfen. Dass sich unser Sohn an der gleichen Stelle vor den Intercity warf, ist für mich eine schreckliche Tragik.

Am Sonntag war Sören zu mir gekommen. Ich durfte ihn ja nicht in die Wohnung lassen, aber ich kochte ihm ein gutes Essen und brachte es ihm in unseren Schrebergarten. Gegen Abend fuhr ich ihn dann bis zum nächsten Bahnhof und drückte ihm für die Fahrt nach Marburg zwei Euro in die Hand. Er ging noch zum Automaten, aber ich bin mir nicht sicher, ob er sich eine Fahrkarte gekauft hat. In seinen gewünschten Zug um 19 Uhr 30 war er nicht eingestiegen. Reisende erzählten mir später, dass er auf sie einen verwirrten Eindruck gemacht habe und auf den Bahnsteigen hin und her gelaufen sei. Nur eine Stunde später durchfuhr im rasenden Tempo der Intercity den Bahnhof.

Als ich von seinem Tod am nächsten Morgen benachrichtigt wurde, war ich fassungslos. Mir war zumute, als würde mir ein Schwert durchs Herz gestoßen. Es gibt für eine Mutter nichts Schlimmeres als solch eine Hiobsbotschaft.

Sabrina kam so gegen ein Uhr von der Schule nach Hause. Ich empfing sie, setzte sie auf meinen Schoß und erzählte ihr vom Tod ihres Vaters. Ich sagte ihr die ganze Wahrheit, denn sie hätte sie sonst von anderen erfahren. Sie weinte bitterlich und klagte: ‚Omi, jetzt habe ich keinen Papa und keine Mama mehr, und wenn du auch noch stirbst, was geschieht dann mit mir? Wo komme ich dann hin?'

Ich drückte die Kleine an mich, und wir weinten zusammen. Ich mache mir auch schreckliche Vorwürfe. Das Letzte, was mir mein Sohn sagte, war ein Satz, den ich wohl nie mehr vergessen werde. ‚Du bist meine Mutter und nimmst mich nicht auf. Wie einen zottigen Hund schickst du mich fort, und ich habe nirgends ein Zuhause.' Diese Vorwürfe quälen mich. Mein Sohn hatte ja Recht. Aber wegen des Hausverbots war es mir unmöglich, ihn aufzunehmen. Bitte, Frau Bormuth, behalten Sie meinen Sören in guter Erinnerung."

„Ja, das werde ich tun", versprach ich. Aber ich musste lange darüber nachdenken, ob mir dies denn möglich sei; denn meine Erinnerungen an ihn waren ja nicht die besten. Eine Hilfe war mir, dass ich über sein Leben kein Urteil fällen muss und dass er ein Mensch ist, für den Christus auch gestorben und auferstanden ist.

„Gott wird das letzte Wort über Ihren Sohn

sprechen, Frau Kannengießer, und es wird immer ein barmherziges Wort sein. Darf ich noch mit Ihnen beten?"

„Ja, ich bitte darum", bat mich die Mutter.

Übers Telefon rief ich zu Gott: „Vater im Himmel, du siehst das zerrissene und verwundete Herz von Frau Kannengießer. Heile du sie! Sprich ihr deinen göttlichen Trost zu. Lass ihre Gedanken von deinem Geist durchdrungen werden und nimm bitte alles Quälende von ihr. Lege auch bewahrend und segnend deine Hände auf Sabrina. Sei du ihr Vater und Mutter zugleich. Amen!"

Den Kontakt zu dieser tief traurigen Mutter werde ich weiter aufrechterhalten.

Im Dienst der Kurseelsorge

Erst spät bin ich zu dieser Aufgabe gekommen. Unser jüngster Sohn hatte nach Beendigung seines Theologiestudiums das Vikariat in der kleinen nordhessischen Stadt Bad Sooden-Allendorf angefangen. Mit dem Pfarrer, der sein Lehrherr war, kamen wir eines Tages auch über die Kurseelsorge ins Gespräch. Wir erfuhren, dass vom Frühjahr bis zum Oktober hier wie auch in anderen Kurorten der evangelischen Kirche von Kurhessen-Waldeck wöchentlich Vorträge für die Kurgäste angeboten würden. Er fragte uns, ob mein Mann und ich bereit wären, im Rahmen der Kurseelsorge Vorträge zu halten. Wir sagten zu, und damit begann diese neue Aufgabe für uns. Außer nach Bad Sooden- Allendorf fuhren wir noch nach Bad Orb, Bad Salzschlirf, Bad Zwesten, Bad Wildungen, Bad Hersfeld und Bad Reinhardshausen. Wir übernahmen diesen Vortragsdienst gerne, und die Botschaft des Evangeliums fand viele interessierte Zuhörer. Einige Menschen kannten mich durch meine Bücher und durch meine Vorträge in anderen Städten, und so ließen sich die Frauen und Männer gerne einladen.

Ein solcher Abend wird mir wohl immer in Erinnerung bleiben. Es war der 11. September 2001. Als wir am Nachmittag auf der Fahrt nach Bad Sooden waren, stellten wir das Radio an, um den Verkehrsfunk zu hören, da wir auf dem Weg dorthin auch immer ein Stück Autobahn zu bewältigen hatten. Plötzlich wurden wir hellhörig. In einer Sonderausgabe der Nachrichten wurde mitgeteilt, dass in Amerika alle Flughäfen für den Luftverkehr gesperrt seien. Da musste etwas Schlimmes passiert sein, wenn in diesem großen Land kein Flugzeug mehr landen oder starten durfte. Dann kam die Meldung vom Terroranschlag auf das World Trade Center in New York durch. Wir waren entsetzt. Als wir in Bad Sooden ankamen, hatte sich dort eine große Anzahl von Besuchern eingefunden. Die Menschen wirkten alle sehr verstört. Uns ging es ganz ähnlich.

Zwei Elternpaare waren besonders von diesem Unheil betroffen. Sie wussten, dass ihre Söhne gerade an diesem Tag New York besichtigen wollten. Aber sie hatten jetzt keine Ahnung, wo sich ihre Kinder befanden, da keine telefonische Verbindung möglich war. Von Angst gepackt fragten sie sich: „Sind unsere Söhne etwa mitten im Chaos dieses schrecklichen Geschehens?" Über das Fernsehen wurden schon am Nachmittag in Sondersendungen entsetzliche Bilder übermittelt. Tausende von Menschen waren von diesem Feuersturm überrascht worden. Man konnte sehen, wie zunächst ein Flugzeug in den ersten Turm raste und ein anderes wenig später in den zweiten. Die Menschen flohen vor den Rauchwolken, und weiße Asche legte sich wie Schnee auf sie und nahm ihnen die Luft zum Atmen. Überall machten sich Ratlosigkeit, Angst und Schrecken breit. Von Tausenden von Toten und Verletzten war die Rede. Vor allen Dingen waren die Feuerwehrleute und Rettungsmannschaften betroffen, die zur Hilfe herbeigeeilt waren und von der Katastrophe durch das zweite Flugzeug überrascht worden waren. Es war eine Tragödie ungeahnten Ausmaßes. Ob die beiden jungen Männer aus Deutschland dem Inferno wohl entkommen konnten? Eine große Ungewissheit bedrückte uns alle, besonders aber die Eltern. Konnte ich in solch einer traurigen, ja verheerenden Situation überhaupt noch meinen Vortrag halten?

Ich war im Zweifel. Aber da gab mir Gott eine gute Idee. „Heute hilft nur noch beten", begann ich die Abendveranstaltung. Wir setzten uns in einem großen Kreis zusammen und riefen zu Gott, dass er sich des schrecklichen Elends erbarmen möchte. Ich war erstaunt, wie viele Menschen an diesem Abend laut zu Gott beteten, die dies vielleicht noch nie in der Öffentlichkeit getan hatten. Stammelnd und oft auch zögernd kamen ihnen die Worte über die Lippen. Aber genau solch ein Beten ist Gott angenehm. Es sind Rufe aus der Tiefe. Sie bleiben ganz gewiss nicht ungehört.

Nach etwa zwanzig Minuten der Gebetsandacht konnte ich dann meinen Vortrag beginnen. Es wurde ein bewegender Abend über Fritz von Bodelschwingh.

Großvater Jakob Ohlhausen

Meinen Großvater, Jakob Ohlhausen, habe ich in meiner Kindheit nicht so gut kennen gelernt. Er wohnte in Sofiewka, Kreis Kabul, und wegen der großen Entfernung zu meinem Heimatort Sofiental habe ich ihn nur selten gesehen. Erst einige Jahre nach seinem Tod begann ich mich für ihn zu interessieren. Ich wollte wissen: Wer war mein Großvater? Wie hatte er es zu seinem großen Vermögen gebracht? Welche Bedeutung hatte er als führendes Mitglied im Bruderrat der bessarabischen Brüdergemeinschaften? Wie ist er zu seiner so zahlreichen Familie gekommen? Was hat er als junger Mann erlebt? Welche Schulbildung hat er genossen, und wie ist es dazu gekommen, dass er ins Parlament der rumänischen Regierung berufen wurde?

Alle diese Fragen begannen mich in dem Augenblick zu beschäftigen, als ich mit 15 Jahren zum Glauben an Christus gefunden hatte. Staunend habe ich mir überlegt, wie es gekommen ist, dass ich als Einzige in meiner Schulklasse Jesus als meinen Erlöser erkannt hatte und in seine Nachfolge getreten war.

Wir waren weit über dreißig Schüler in der Obertertia des Gymnasiums, und mir allein war das Vorrecht zuteil geworden, vom Wort der Bibel ergriffen zu werden. Ich forschte nach, wem ich wohl dieses Glück zu verdanken hätte. Dabei stieß ich in Büchern auf meinen Großvater mütterlicherseits.

Ich war überrascht, als ich las, mit welcher Hingabe Großvater sich bemüht hat, Gottes Reich zu bauen. Dabei lagen ihm sicher auch seine Enkel am Herzen, dass sie einmal zu Jesus finden sollten. So gehört er mit in die Reihe der Frauen und Männer, denen ich zu verdanken habe, dass ich in Jesus meinen Erlöser gefunden habe.

Wenn wir zu Besuch in Sofiewka waren, strahlte er eine vornehme Würde aus. In meiner kindlichen Einfalt reihte ich ihn in die Schar der Patriarchen ein. So stellte ich mir einen Mann Gottes vor. Seine Gestalt war hager und groß. In seinem Wesen schien er mir sehr ernst zu sein. Wenn wir uns zu Tisch versammelten – es waren ja immer viele Personen –, dann standen wir alle auf, und Großvater sprach das Tischgebet. Mir dauerte das Beten oft viel zu lang, und ich begann unruhig von einem Fuß auf den anderen zu treten. Der strenge Blick meines Vaters genügte, und ich stand wieder still und faltete meine Hände. Großvater schien mir unnahbar zu sein. Vor ihm hatte ich immer großen Respekt, obwohl ich mich nicht daran erinnern kann, jemals von ihm getadelt worden zu sein.

In seinem Hause fanden die Versammlungen statt. Dazu wurde die größte Stube ausgeräumt und mit Bänken versehen. Am Sonntagnachmittag und auch an manchen Abenden trafen sich hier die Gläubigen zur Andacht und zum Gebet.

Die Bibel war Großvater bedeutungsvoll. Er hat auch selber auf Glaubenskonferenzen, bei Evangelisationen in den Nachbarorten und bei Andachten in seinem Haus das Wort Gottes ausgelegt. Die Zehn Gebote waren ihm heilig. Das habe ich besonders an den Sonntagen empfunden. So war es seinen Knechten und Mägden und auch seinen Kindern nicht erlaubt, irgendeine Tätigkeit zu verrichten, die nicht unbedingt nötig war. Er ließ es z. B. nicht zu, dass am Sonntag ein Hemd gebügelt oder ein Knopf angenäht wurde. Aber wenn wir auf dem großen Hof spielten und herumtobten, hatte er seine Freude daran. Ihm stand immer das Wort vor Augen: „Kinder sind eine Gabe Gottes, und Leibesfrucht ist ein Geschenk."

Wenn ich mir heute Fotos vom Leben in Bessarabien ansehe, fällt mir immer die Vielzahl der Kinder auf. Acht, neun, zehn, zwölf oder dreizehn Kinder in einer Familie waren keine Seltenheit, und Großvater bildete hier keine Ausnahme. In seinem Leben wurde er oft hart rangenommen. Früh hat er seine Eltern verloren und musste sich bei einem Bauern als Knecht verdingen. Er war fleißig und vor allem zielstrebig. So ist es ihm gelungen, sich doch selbstständig zu machen, Land zu kaufen und einen Bauernhof zu bauen.

Geboren wurde er im Jahr 1858, einige Jahre nach der Einwanderungswelle deutscher Männer und Frauen aus Württemberg und Ostpreußen. Jeder kann sich vorstellen, wie schwer es in dieser Zeit war, sich eine Existenz zu schaffen, wenn man zudem noch als Waise allein dastand. Aber Großvater war es gelungen, unter den ersten Ansiedlern des Dorfes Sofiewka zu sein. Zu der Zeit stand Bessarabien unter der Herrschaft der russischen Regierung, die den Siedlern Parzellen zuteilte, auf denen sie sich ihr Haus und ihre

Stallungen bauen konnten. Das habe ich in alten Büchern nachlesen können. Mir war dabei bedeutsam, dass Großvater auf die Dorfbewohner einwirkte, mit dem Bau ihres eigenen Hauses zugleich auch das Bethaus zu bauen, das dann auch als Schule benutzt werden konnte. Diese Haltung hat mich tief beeindruckt, und ich habe mich gefragt, ob ich wohl zu einem solchen Opfer bereit gewesen wäre.

Großvater gründete seinen Hausstand, aber in seinem Leben wehte ihm ein rauer Wind heftig entgegen. Auf den Dörfern gab es keine Ärzte. Es war ja Pioniergebiet. Es gab nur Hebammen, die den werdenden Müttern in ihrer schweren Stunde beistanden, und Feldscher, die mit einfachen Hausmitteln versuchten, Kranke zu heilen. Wenn sich aber bei einer Geburt Komplikationen einstellten, dann stand das Leben von Mutter und Kind auf Messers Schneide. So hat Großvater sehr großes Leid erfahren und musste vier Frauen an den Gräbern beweinen. Auch meine Mutter ist sehr früh Halbwaise geworden.

Auch die Kindersterblichkeit war erschütternd hoch. So haben die Bessarabiendeutschen früh lernen müssen, mit dem Tod zu leben. Geholfen hat ihnen der Ausblick auf die ewige Welt Gottes. Viele Predigten befassten sich mit Texten, die die Auferstehung und das „neue Jerusalem" zum Thema hatten. So ließen sich die Hinterbliebenen mit Worten der Heiligen Schrift trösten. Wie oft wurde an offenen Gräbern über Offenbarung 21 gepredigt:

„Und ich hörte eine große Stimme von dem Thron her, die sprach: Siehe da, die Hütte Gottes bei den Menschen! Und er wird bei ihnen wohnen, und sie werden sein Volk sein, und er selbst, Gott mit ihnen, wird ihr Gott sein; und Gott wird abwischen alle Tränen von ihren Augen, und der Tod wird nicht mehr sein, noch Leid noch Geschrei noch Schmerz wird mehr sein; denn das Erste ist vergangen. Und der auf dem Thron saß, sprach: Siehe, ich mache alles neu!"

Die Trauernden trösteten sich damit: Ist es eigentlich so wichtig, wer zuerst am Thron Gottes erscheint? Entscheidend allein ist es doch, dass wir das Ziel erreichen und einmal für alle Zeit bei Gott sein werden. So lebten die Gläubigen stark von der Ausrichtung auf die Ewigkeit. Auch für meinen Großvater war dies eine Glaubensstärkung. Er fand nach jedem Tod seiner Frauen den Mut zu einer neuen Heirat. So hat er fünfmal geheiratet, weil er einsah, dass seine Kinder wieder eine Mutter brauchten und er eine Lebensgefährtin. Manche seiner Frauen waren selber verwitwet und brachten Kinder mit in die Ehe. So passierte es einmal, dass seine Frau ihn zu Hilfe holte und klagte: „Jakob, meine Kinder und deine Kinder streiten sich mit unseren Kindern. Was soll ich bloß tun?"

Die Akte Ohlhausen

So wurde das Geschlecht der Ohlhausens äußerst zahlreich. Ich kenne meine Verwandtschaft nur zu einem geringen Teil und weiß nicht, wie viele Tanten, Onkels, Cousinen und Cousins ich eigentlich habe. Einige sind auch nach Kanada ausgewandert, und die Zahl der Ohlhausens allein in diesem Land zählt einige Hundert.

Es war in der Zeit nach dem Krieg, als die Flüchtlinge Lastenausgleich beantragen konnten. Jeder wartete natürlich dringend auf sein Geld. Aber bei den Ohlhausens erwies sich alles Warten als vergeblich. Mein Vater, der sehr redegewandt war und auch im Leben Durchsetzungsvermögen bewies, wurde damals von der Sippschaft beauftragt, die Sache mit dem Lastenausgleich in die Hand zu nehmen. So reiste er nach Stuttgart und sprach bei der Behörde vor. Als er den Namen Ohlhausen nannte, schlug der Sachbearbeiter die Hände über dem Kopf zusammen und führte ihn in das angrenzende Zimmer. „Sehen Sie hier, Herr Hannemann, die Ordner auf den Regalen? Sie alle beschäftigen sich mit dem unzählbaren Geschlecht der Ohlhausens. Da gibt es kein Durchkommen. Und jedes Jahr vermehrt sich die Zahl derer, die als Erbberechtigte Anspruch auf Lastenausgleich haben, durch den Tod eines Angehörigen. Schwierig ist die Aufteilung auch deshalb, weil es Kinder, Stiefkinder und angenommene Kinder gibt, die alle etwas von dem großen Kuchen haben wollen. Ich kann den Namen Ohlhausen schon nicht mehr hören. Er verfolgt mich bis in meine Träume."

Aber die Vorsprache beim Ausgleichsamt war doch vom Erfolg begleitet. Einige Monate später erfolgte die Auszahlung. Sogar ich als Enkelin wurde mit Geld bedacht. Das hatte folgende Bewandtnis: Großvater hat jedem seiner Enkelkinder bei der Taufe Land vermacht. Wenn ich mich nicht irre, so habe ich acht Hektar bestes Ackerland erhalten. Diese Schenkung wurde notariell festgehalten. Für den Verlust meines Ackerlandes durch die Umsiedlung und Flucht wurde ich mit Geld entschädigt. Es floss uns gerade damals zu, als wir unser Eigenheim bauten. Mit dieser Summe hatten wir nicht gerechnet. Die Freude war groß, und im

Nachhinein bewahrten wir Großvater, der schon 1948 verstorben war, in dankbarer Erinnerung für seine weitsichtige Vorsorge.

Nun bin ich schon weit den Ereignissen vorausgeeilt und will zu den Wurzeln meines Großvaters zurückkommen. In dem Dorf Sofiewka war er ein angesehener Bürger. Als Bürgermeister kümmerte er sich um das Wohl seiner Dorfbewohner. Lebensweisheit und Klugheit, gepaart mit Fleiß und Zielstrebigkeit zeichneten ihn aus. Er war ein echter Bauer mit viel Land. Vom Ertrag seiner Ernten kaufte er immer neues Land und verpachtete es. Er war auch stolzer Besitzer eines Ladens, einer Mühle und einer Ziegelei. In neuerer Zeit wurden die Häuser nämlich nicht mehr mit Lehmbatzen, sondern mit Ziegelsteinen gebaut.

Mahlen! Mahlen! Mahlen!

Von der Mühle gibt es eine nette Geschichte, die uns mein Vater immer wieder erzählen musste. Großvater hatte in seiner Mühle einen Arbeiter mit Namen Waldemar eingestellt. Er hatte nur eine geringe Schulbildung und verstand wenig vom Rechnen und Lesen. Aber körperlich war er stark und groß gewachsen. Die Getreidesäcke trug er aufrechten Ganges, so als habe er eine Feder in der Hand.

Großvater kam eines Tages in die Mühle und ließ sich das Rechnungsbuch zeigen. Er schlug die Hände über dem Kopf zusammen, als er Zeile für Zeile las: „Mahlen! Mahlen! Mahlen! ..."

Da der Arbeiter ehrlich und außerdem sehr fleißig war, behielt Großvater ihn in der Mühle, kümmerte sich aber fortan selber um die Buchführung. Dieses „Mahlen! Mahlen! Mahlen! ..." ist später in unserer Familie zur sprichwörtlichen Rede geworden, wenn eine Sache undurchsichtig war und man keine klare Antwort erhielt.

Bei allem Ansehen, das mein Großvater

genoss, blieb er ein schlichter, bescheidener Mensch. Er war sehr umgänglich in seiner Art, und ich habe später Dorfbewohner getroffen, die von Jakob Ohlhausen als einem hilfsbereiten, frommen und weisen Mann sprachen. Kamen Menschen in finanzielle Not, dann hat er gerne mit Geld ausgeholfen. Ein Schuldschein dokumentierte die Höhe des Betrages. Nach der Umsiedlung aus Bessarabien hat er alle Schuldscheine zerrissen.

Das Land war überaus fruchtbar, es hatte eine Humusschicht von über einem Meter. Nie brauchten die Bauern zu düngen. Riesige Getreidefelder erstreckten sich über das ganze Land. Es kam aber auch vor, dass ein harter Winter die Ernte verdarb. Die frische Saat – im Herbst ausgesät – erfror dann bei Temperaturen bei weit unter minus 20 Grad. Das ereignete sich besonders dann, wenn es kaum eine schützende Schneedecke gab. Auch wenn der Regen ausblieb, verdorrte das Getreide auf den Feldern. Mein Großvater hatte schon frühzeitig seine Existenzgrundlage auf mehrere Säulen gestellt. Litt das Land unter einer Missernte, dann hatte er immer noch die Einnahmen aus seinem Laden, seiner Mühle und seiner Ziegelei.

Als Parlamentarier

In der Regierung Rumäniens in Bukarest vertrat mein Großvater die Interessen der Bessarabiendeutschen als Parlamentarier und stand so in hohem Ansehen. Er erwies sich immer als einer von ihnen und hat seine Stellung nie hervorgehoben. Wenn er zu einer Sitzung ins Parlament nach Bukarest fuhr, kehrte er nicht etwa, wie es seinem Stand entsprochen hätte, in einem Restaurant in Ackermann ein, sondern hatte immer seinen Brotbeutel bei sich, um keine hohen Kosten zu verursachen. Meist benutzte er auch einen Getreidewagen, der gerade den Weizen in die Kreisstadt brachte, und setzte sich hinten auf ein Bund Stroh. Mit seiner aufrechten, bescheidenen, leutseligen Art hat er in seiner Familie Zeichen gesetzt. Von der Dorfbevölkerung wurde ihm großes Vertrauen entgegengebracht.

Der Bau des Reiches Gottes

Der besondere Auftrag meines Großvaters galt aber dem Bau des Reiches Gottes in Bessarabien. Wie sehr habe ich mich darüber gefreut, wenn ich in alten Büchern Predigten oder Aussprüche von ihm las. Im Winter, wenn die Arbeit auf den Feldern ruhte und das herrliche Land von tiefem Schnee bedeckt war, zog er sich öfter seinen Schafspelz an und ließ sich mit dem Schlitten in verschiedene Dörfer ringsum fahren, um dort das Evangelium zu verkündigen. Meist wurde er auch von Glaubensbrüdern begleitet. Hatte der Schlitten ein Dorf erreicht, dann stiegen die Laienprediger von ihrem Gefährt herab, knieten sich in den Schnee nieder und flehten zu Gott, er möge ihren Dienst segnen und viele Menschen aus der Gottesferne in die Gemeinschaft mit Jesus führen. Das Gebet war in Großvaters Leben eine starke Macht.

Bessarabien hatte mehrfach Erweckungen erlebt. Noch 1939, kurz vor der Umsiedlung, gab es einen inneren Aufbruch. Ob wohl die Menschen die Bedrohung ahnten, die dann mit der Umsiedlung und dem Krieg auf sie zukam? Viele wurden bereit, ihr Leben Christus anzuvertrauen. Es gab in Sofiewka kaum ein Haus, das nicht vom Geist Gottes erfasst wurde. In diesem Jahr 1939, so konnte ich es in einer Statistik nachlesen, haben sich etwa 180 Menschen bekehrt. Vier Versammlungen wurden eingerichtet, um den Gläubigen die Möglichkeit zu geben, Gottes Wort zu hören. Gebetet wurde immer auf den Knien. Bauer und Knecht, Bäuerin und Magd wurden vom Evangelium erfasst.

Wenn in der Mittagszeit die Pferde getränkt und gefüttert wurden, setzten sich auch die Arbeiter auf einen Bund Stroh um den Wagen herum und aßen ihr Vesperbrot. Hatten sie sich leiblich gestärkt, dann wurde das Neue Testament aus der Jackentasche geholt und ein Kapitel aus dem Wort Gottes gelesen. So veränderte das Bibelwort manchen Dorfbewohner. Nach der Erweckung in Sofiewka waren es etwa 100 Männer und 150 Frauen, die in der Nachfolge Jesu lebten. Aber über dieses wunderbare Geschehen brach ein eisiger Wind herein.

Nach der Umsiedlung im Oktober 1940 kamen die Bessarabiendeutschen zunächst in verschiedene Lager. Sie sollten eingedeutscht werden und den Nachweis erbringen, dass sie reinrassig waren. Die Männer und Frauen verlangten nach dem teuren Gotteswort. Sie waren ja zunächst in Quarantäne und durften die Lagertore nicht durchschreiten, um eine Kirche aufzusuchen. So baten sie die Lagerleitung, dass doch ein Pfarrer kommen sollte, damit ein Gottesdienst stattfinden konnte. Mit barschen Worten wehrte der SA-Mann ihr Ansinnen ab: „Erst will ich euch mal eine Predigt halten. Wir werden nicht dulden, dass die Pfarrer die Satanssaat unter euch aussäen." Da wussten die bessarabischen Brüder, dass sie selbst das Wort verkündigen mussten, und richteten in den Schlafsälen Bibelstunden ein. Dagegen konnte die Lagerleitung nichts ausrichten.

Die Bessarabiendeutschen wurden anschließend in Polen neu angesiedelt. Auch hier haben sie versucht, sich in ihren Häusern zu treffen und das Gotteswort miteinander zu lesen. Natürlich fiel das den Ordnungshütern auf, wenn plötzlich auf einem Hof zehn Kutschen vorfuhren. Einmal fragte ein Polizist den Bauern, warum denn hier so viele Leute zusammenkämen, ob es einen besonderen Anlass gäbe. Da sagte der Hauswirt: „Wir haben uns nur hier getroffen, um miteinander die Bibel zu lesen und zu beten, so wie wir es in unserer Heimat gewohnt waren." Der Polizist verabschiedete sich von dem Bauern und bat ihn, er möge doch für eine bessere Verdunkelung sorgen. Feindliche Flieger seien im Anflug. Er zeigte Verständnis für die Gläubigen.

1945 begann dann die Flucht der Deutschen aus den Ostgebieten. Meinen Großvater hatte es in einem Treck nach Dänemark verschlagen, wo er in einem Auffanglager untergebracht war. Seine Tochter Ottilie holte ihn dann im Rahmen der Familienzusammenführung in den Stuttgarter Raum. Aber seine Lebenszeit neigte sich dem Ende zu. Im Januar 1948 holte ihn Gott heim in seine ewige Welt. An seinem Grab standen seine fünfte Frau, mit der er fünfzehn Jahre zusammengelebt hatte, und zahlreiche Kinder und Kindeskinder. Pfarrer Goes hielt die Traueransprache, die ich hier in Auszügen wiedergeben will:

„Jakob Ohlhausen hatte mit dem Patriarchen Jakob im Alten Testament nicht nur den Namen gemeinsam. Manches in seiner

Gestalt und in seinen Lebensschicksalen erinnerte an den Erzvater Jakob. Auch er war gesegnet mit Gütern, gesegnet mit Frauen und Kindern und Kindeskindern, gesegnet mit geistlichen Gütern; und nach einer Wanderschaft im höchsten Alter – 90 Jahre – legte er sich nieder und schloss im Frieden die Augen, alt und lebenssatt, dankbar gesättigt von der Fülle des Lebens. Während seines hiesigen Aufenthaltes bei seinen Kindern erfreuten wir uns an seinem ruhigen, abgeklärten Wesen, seinem verständigen Urteil und einem Gottvertrauen, mit dem er gelassen den Verlust von Haus, Hof und Heimat trug. Jeden Sonntag saß er in der Kirche, und es war mir immer eine Freude, in sein aufmerksames Gesicht zu blicken. ... Und er selber hat mir einmal erzählt, dass in seinem Hause in Bessarabien jahrzehntelang Versammlungen gewesen seien, in denen man in schlichter Weise in der Bibel gelesen und sie ausgelegt habe.

Ich erinnere mich auch, wie er hier einmal in einer Stunde nach einer gründlichen Auslegung aufgefordert wurde, auch noch etwas zu sagen, da sagte er: ‚Was soll ich viel sagen? Es ist alles aus Gottes Wort geschöpft, und ich kann nur Ja und Amen dazu sagen. Und ich freue mich, dass auch hier Gottes Wort läuft, wie wir es zu Hause gehalten haben.'

Am 19. April 1948 ist er im Beisein seiner Tochter Ottilie sanft und still verschieden."

Jetzt gehört auch mein Großvater zur Wolke der Zeugen, und sein Leben will auch mir Mut machen, im Glaubenskampf standhaft zu bleiben. Ob er sich wohl freut, dass sein kleines Lottchen in ihren Jugendjahren zu Jesus gefunden hat und heute im Dienst für ihren Herrn steht? Ganz gewiss!

Meine Mutter

Die Kindheit meiner Mutter war nicht von Sonne umstrahlt. Der plötzliche Tod ihrer Mutter, die als noch junger Mensch in einer Nacht an Herzversagen verstorben war, hatte einen Schatten auf ihr Leben geworfen. Ihr Vater hatte wenig Zeit, sich um die zahlreiche Kinderschar zu kümmern. „Haushalt und Kinder", so hieß es in der damaligen Zeit, „sind Frauensache. Der Mann muss hinaus ins feindliche Leben und muss den Broterwerb sichern." Aber es gab treue Mägde, die sich um die kleinen Waisen in rührender Art kümmerten, bis wieder eine neue Mutter die Regie übernahm. Es war ein großes Glück, dass die Geschwister eng zusammenstanden. Bis ins hohe Alter hat meine Mutter besonders die Verbindung zu ihrer jüngeren Schwester Ottilie aufrechterhalten. Die Familien haben sich oft besucht und sich auch gegenseitig geholfen.

Im Hause Ohlhausen wurde viel gesungen, besonders Choräle. Aber auch traurige, von Wehmut erfüllte Lieder nahmen einen weiten Raum im Leben meiner Mutter ein. In ihnen spiegelte sich die Bitternis des Leids, das harte Leben, aber auch die Hoffnung auf eine bessere Zukunft.

Bessarabien hat besonders unter den Zeiten politischer Wirren gelitten. Es war damals an der Tagesordnung, dass vor allen Dingen Männer verschleppt wurden und man dann nie mehr etwas von ihnen hörte. Aus solch einer Situation ist dann auch folgendes Lied entstanden:

Nach Sibirien, da musst ich einst reisen,
musst verlassen die blühende Welt.
Schwer beladen nach slawischer Weise
harret meiner nur Elend und Kält'.
O Sibirien, du eiskalte Zone,
wo kein Fischer die Fluten durchdringt,
wo kein Funke der Menschheit mehr woh-
net,
und das Aug' keine Rettung mehr find't.

Von den Meinen gewaltsam entrissen,
von den Meinen gewaltsam getrennt,
darf ich denn ihren Mund nicht mehr küs-
sen,
die mich liebt' und einst Gatte genannt.
O, wer trocknet die Tränen der Meinen,

die der Schmerz mit der Sehnsucht vereint.
Mit der Rache will ich mich vereinen,
schenkt das Schicksal mir nur einen Freund.

Wenn ich so in den Orkus muss steigen
von der Sonn' in die finstere Nacht,
wenn im Schatten der uralten Eichen
sich die Menschheit einander betracht',
o, so schau ich so manchmal hinüber
nach der Heimat mit Sehnsucht zurück.
Mir ist nichts als die Hoffnung geblieben,
nur die Hoffnung, mein einziges Glück.

Heute frage ich mich: Wie tief muss der Schmerz über die notvollen Führungen und Schicksalsschläge bei den Bessarabiendeutschen gewesen sein, dass wir Elf- und Zwölfjährige solche ergreifenden Lieder gesungen haben? Diese Strophen wurden so voller Inbrunst vorgetragen, dass auch mir manchmal die Tränen über die Wangen liefen.

Meine Mutter hat nicht viel über das Elend ihrer frühen Kindheit erzählt, aber es muss doch tiefe Spuren hinterlassen haben. Was Kinder so nötig brauchen, Liebe, Zärtlichkeit und Hingabe, hat sie entbehren müssen. Diese leidvollen Kindheitserlebnisse haben meine Mutter aber sehr tapfer und tatkräftig gemacht. Sie hat früh gelernt zu kämpfen und sich nicht vom Schmerz überwältigen zu lassen.

Auch eine gewisse Lebensschläue war ihr zu eigen. Ich weiß nicht, was Vater ohne sie in der Nachkriegszeit gemacht hätte. Er war mehr ein Gelehrtentyp und tat sich in praktischen Dingen schwer. „Else, komm!", rief er, wenn es galt, die Pferde anzuschirren. Er hat ja als Professor nie handwerkliche Arbeiten leisten müssen. Gewiss, er stammte auch von einem großen Bauernhof und hat selbst einen größeren landwirtschaftlichen Betrieb besessen; ihn hat er geleitet, die Arbeiten aber verrichteten treue Knechte und verantwortungsvolle Mägde, die er mit Bedacht ausgesucht hatte. So wurde er fast nie zu praktischen Arbeiten auf dem Hof herangezogen, sondern musste mehr seiner Mutter in der Küche beistehen. Ihr hat es bei der großen Kinderzahl von sechs Jungen und sechs Mädchen nie an Arbeit gefehlt. So hat Vater gelernt, wie man Butter im Butterfass herstellt, und musste fürs Brotbacken den Teig kneten. Nur in der Dreschzeit wurde er noch vor Tagesanbruch geweckt, um die

Dreschmaschine zu ölen und sie anzuheizen, damit, wenn der laute Ton zum Arbeitsbeginn erklang, auch genügend Dampf die Räder in Bewegung setzte und das Tagewerk seinen Lauf nehmen konnte.

Meine Mutter war überaus fleißig und geschickt dazu. Was sie anfasste, geriet ihr unter den Händen. Ihre Schulbildung aber wies manche Mängel auf. In Bessarabien wurden nur die Söhne zur höheren Schule geschickt. Die Mädchen hingegen hatten zu lernen, wie man kocht, wäscht, näht, strickt, Brot backt und Kinder versorgt. Später änderte sich das, und es wurde auch ein Mädchengymnasium errichtet. Meine Mutter hatte hingegen nur im Winter die Volksschule besucht. Im Sommer mussten alle in der Landwirtschaft helfen, die Ernte einzubringen. Aber sie hat dabei ihr größtes Glück gefunden.

Mein Vater hatte nach Beendigung seines Studiums in Deutschland nicht sofort eine Stelle als Diplomlandwirt finden können. So trat er zunächst seinen Dienst in der Volksschule in Sofiewka an und wurde der Lehrer meiner Mutter, die zwölf Jahre jünger war als er. So verdankt sie ihre Schulkenntnisse meinem Vater, der sehr früh auf dieses bildschöne, kluge Mädchen ein Auge geworfen hatte. Ganz im Stillen schlug diese junge Liebe Wurzeln, und als meine Mutter 19 Jahre alt war, hielt der „Herr Lehrer" bei meinem Großvater um ihre Hand an. So heiratete sie ihren einstigen Lehrer, der inzwischen Professor an der Landwirtschaftsschule in Purkari geworden war. Für meine Mutter begann eine überaus angenehme und schöne Zeit. Für die Arbeit im Haus und in der Küche wurde eine Magd angestellt, und wir drei Kleinen wurden von einem Kindermädchen betreut und auch erzogen. Anna Mix war eine wunderbare Frau. Sie hat uns geliebt und war immer für uns da. Bis heute hält meine älteste Schwester die Verbindung zu ihr aufrecht.

Meine Mutter genoss das gesellschaftliche Leben, und ihr wurde an Freude und Zuwendung ein wenig erstattet, was sie als Kind hatte entbehren müssen. Aber dann folgten die Jahre, die uns allen nicht gefallen konnten. Im Oktober 1940 begann die Umsiedlung aus Bessarabien nach Deutschland. Wir mussten zunächst für fast zwei Jahre ins Lager. Anschließend wurden wir in Polen neu angesiedelt. Schließlich mussten wir am 19. Januar 1945 vor den Russen fliehen. Ich gebe zu diesen Ereignissen einen Bericht von Edwin Kelm wieder, den er in der Gedenkschrift der Landsmannschaft der Bessarabiendeutschen „Flucht – Heimatlosigkeit – Neubeginn" verfasst hat. Dort schreibt er:

„Die deutsche Front, die ausgeblutet war und über keine Reserven verfügte, brach zusammen. Die russischen Verbände überschritten die zugefrorene Weichsel und gingen gegen die 9. Armee vor. Die Städte Warschau, Modlin und Radom gingen verloren – es gab keine geschlossene deutsche Front mehr. Am 16. Januar näherten sich die Russen Krakau, zwei Tage später war Litzmannstadt bedroht. Gauleiter Greiser hatte sich zu einer persönlichen Fahrt in den Ostteil des Warthegaus aufgerafft. Sein Fahrzeug stieß in Litzmannstadt auf sowjetische Panzer. Trotz dieser Erlebnisse konnte er nicht den Mut aufbringen, ohne ausdrücklichen Führerbefehl die Räumung anzuordnen. Der Übersicht einiger entschlossener Kreisleiter, die auf eigene Verantwortung den Befehl zum Aufbruch gaben, verdanken viele ihre rechtzeitige Flucht.

Nach dem Ruf ‚Rettet euch, der Russe

kommt!' wurden die beladenen Wagen rasch angespannt, und über schneeverwehte Feldwege versuchten wir die Landstraße nach Warthbrücken zu erreichen. Als die Dämmerung des 18. Januar hereinbrach, hielten wir auf dem Gelände einer Zuckerfabrik, tränkten und fütterten die Pferde. In der Ferne war das Donnern der Geschütze zu hören. Gerade als wir ein wenig ruhen wollten, kamen mehrere Volkssturmmänner aus Kutno auf den Hof und forderten uns auf, sofort weiterzufahren, Kutno sei bereits von den Russen besetzt.

Leider war es jetzt nicht mehr möglich, auf die Hauptstraße zu gelangen. Ein unübersehbarer Strom von Flüchtlingen und versprengten Soldaten überfüllte die Landstraße. Erst durch das energische Eingreifen eines Mannes in brauner Uniform gelang uns gegen Mitternacht die Zufahrt auf die Straße nach Konin. Doch an ein zügiges Vorwärtskommen war nicht mehr zu denken. Am 19. Januar sank die Temperatur auf minus 20 Grad. Hoher Schnee bedeckte das Land, und die Straßen waren mit Glatteis überzogen. Das Chaos wurde immer bedrohlicher. Pferde stürzten auf den glatten Straßen, brachen sich die Beine, Wagen rutschten in den Graben und kippten um. Frauen, Kinder und Greise weinten und schrien um Hilfe. Nur sehr mühsam kamen wir an diesem 19. Januar, dem 44. Geburtstag meines Vaters, ein Stück weiter Richtung Westen. Bei anbrechender Dunkelheit war der Kanonendonner noch zu hören, und der Himmel im Osten färbte sich rot.

Die Angst, von den Russen eingeholt zu werden, bemächtigte sich des Flüchtlingsstromes. Eine gegenseitige Hilfe war nun nicht mehr gegeben. Nur fort, fort, ja nicht in die Hände der Sowjets fallen, hieß die Devise. Es waren doch größtenteils Wolhynier, Galizier, Balten und Bessarabien-deutsche, die in den östlichen Kreisen des Warthegaus angesiedelt waren. In der Nacht vom 19. zum 20. Januar wurde das Elend noch größer. Wagenräder gingen in die Brüche, Deichseln brachen durch das Aufeinanderfahren. Dazwischen Hiobsbotschaften von übermüdeten, zurückflutenden Soldaten. In ihren Gesichtern standen Elend, Schrecken und Verzweiflung beim Anblick der Frauen und Kinder. Die Männer ahnten, dass es für viele eine Straße des Todes werden würde.

Für unseren Treck kam dann der letzte Morgen in Freiheit. In einem Waldstück in der Nähe von Konin war auf einmal ein Rufen und Schreien: ‚Die Russen kommen!' Der Schreckensruf ging von Wagen zu Wagen – und schon waren Motorengeräusche und Maschinengewehrsalven zu hören. Mein Vater, der auf dem Wagen vor mir fuhr, meinte, vielleicht seien es deutsche Panzer. Wir hörten hinter uns ein Krachen, Brechen und Schreien, sahen, wie ein Gespann mit Pferden, Wagen und Insassen zusammengewalzt wurde, und schon fuhr der erste Panzer knapp an meinem Fahrzeug vorbei. Er machte die Straße frei. Was ihm in den Weg kam, walzte er nieder. Der Treck kam rechts am Weg zum Stehen. Nach einigen Minuten kam eine ganze Kolonne von Panzern, die besetzt waren mit Soldaten in erdbraunen Uniformen. Diese schossen wild um sich. Meine Pferde wurden am Wagen zusammengeschossen."

Vielleicht reichen diese wenigen Zeilen eines Augenzeugen, um zu ermessen, was Flucht im kalten Winter 1945 bedeutete. Meine Mutter war hochschwanger, als wir uns auf eine Reise begaben, die nicht enden wollte. Zu unser aller Glück gelang es uns, rechtzeitig den sowjetischen Armeen zu entkommen. Mitten auf der Flucht wurde dann unser Schwesterchen geboren. Wir gaben dem Kind den Namen Erika. Leider konnte meine Mutter den Säugling nicht stillen – sie war dazu zu schwach –, und so musste das Baby am fünften Tage nach seiner Geburt sein Leben aushauchen. Es war ein so schönes Kind, und wir haben alle bitterlich geweint, als wir unsere Erika in die fremde Erde betteten. Auch diesen Verlust hat meine Mutter nie ganz verkraften können. Als ihr dann 1946 wieder ein Töchterchen geschenkt wurde, war sie stark von der Angst erfüllt, ob sie wohl dieses Kind behalten könnte. Und auch als es später ihrer Lilli sehr gut ging, sie ihr Studium der Medizin beendet hatte und ihre Doktorarbeit mit summa cum laude beurteilt worden war, hat Mutter die Angst nie mehr ganz verlassen. Als Lilli dann selbst Mutter von sechs wunderbaren, gesunden Kindern wurde, sorgte sich Mutter bei jeder Geburt: Wird Lilli überleben? Ihre Freude war groß, wenn wieder ein Enkelkind das Licht der Welt erblickt hatte und alles gut geworden war.

Ich stand manchmal mit Mutter auf Kriegsfuß. Als ich das Gymnasium besuchte, zeigte sie wenig Verständnis dafür, dass ich viel lernen musste. Wenn ich hinter meinen Büchern saß und sie mich erblickte, hatte sie schnell ihre Aufträge parat: „Lotte, melk die Ziege! Hol Brennholz herein! Füttere die Pferde und miste den Stall aus!" Da reagierte ich oft sehr ungehalten. Vater wollte, dass ich auf die höhere Schule ging, und da hätte mir Mutter Zeit zum Lernen einräumen müssen. Aber der Lebenskampf war zu hart, und die Arbeitslast, die vor allen Dingen auf Mutters Schultern lag, zu groß. Ich war damals mit der kleinen Lilli allein zu Hause, weil meine beiden anderen Schwestern einer Berufsausbildung nachgingen. So wurde manche Arbeit auf mich abgewälzt. Wie sehr hätte ich mich gefreut, wenn ich mal in Ruhe meinen Schularbeiten hätte nachgehen können.

Im Rückblick auf diese Zeit kann ich nur staunen, dass ich trotz der harten Herausforderungen doch das Abitur mit Gottes Hilfe geschafft habe, denn ich musste mehr auf den Feldern arbeiten als mich mit meinen Büchern beschäftigen. Die Noten, die meine Kinder in ihren Abiturzeugnissen erreicht haben, so dass sie alle den Numerus clausus nicht zu fürchten brauchten und gleich mit dem Studium beginnen konnten, hätte ich nie und nimmer erreicht. Noch heute träume ich von Lateinarbeiten und Mathematikaufgaben, die ich nicht zu Ende bringen kann. Ich bin immer froh, wenn ich aus solch schrecklichen Träumen erwache. In dieser Hinsicht muss ich lernen, mich zu bescheiden, und ich danke Gott, dass er mir in meinem Studium und in meiner Ehe viele Möglichkeiten geschenkt hat, um mich weiterzubilden.

An der Stelle verdanke ich meinem Mann sehr viel. Er hat mich immer mit guter Literatur versorgt, und in den Gesprächen mit ihm habe ich viel dazulernen können. Er verfügt nämlich über ein enormes Wissen, spricht mehrere Sprachen und ist sehr belesen.

Als dann in der Zeitung mein Name als Abiturientin genannt wurde mit dem Berufswunsch, Theologin zu werden, war meine Mutter stolz auf mich, dass ich trotz der vielen Arbeit auf unserem landwirtschaftlichen Kleinbetrieb die Energie aufgebracht hatte, bis zum Abitur durchzuhalten. So begann ich mein Studium in Marburg im Mai 1955.

Ich habe im Laufe der Jahre ein sehr gutes Verhältnis zu meiner Mutter aufbauen dürfen. Wie hat sie sich gefreut, als ich geheiratet habe und dann unsere Kinder eines nach dem anderen geboren wurden. Oft haben uns die Eltern besucht und haben mir auch beigestanden, wenn ich wegen einer Geburt in der Klinik lag. Ich verdanke meinen Eltern sehr viel.

Als meine Mutter kränkelte und immer schwächer wurde, holten wir sie zu uns in die Familie. Sie war mittlerweile 85 Jahre geworden. Beinahe zwei Jahre war sie ein Schwerstpflegefall. Ihre Augen war fast ganz blind geworden, und außerdem hatte sie einen Schlaganfall erlitten und war linksseitig gelähmt. Ich wusste, dass es jetzt meine Pflicht war, mich um meine Mutter zu kümmern.

In den Jahren zuvor hatte ich schon meine Schwiegermutter zu uns ins Haus geholt, weil sie mit ihren fast 93 Jahren sehr schwach und elend geworden war. Die Pflege beider Mütter war nicht nur arbeitsmäßig eine schwere Zeit für mich, sondern ich litt auch seelisch. Es ist nicht leicht, alte Menschen zu pflegen und dabei zusehen zu müssen, wie sie immer elender und schwächer werden.

Alt werden ist nichts für feige Leute. Das habe ich damals begriffen. Durchhaltevermögen und Lebensmut gehören dazu. Meine Mutter besaß diese wunderbaren Eigenschaften. Wie dankbar war sie für jeden Handgriff. Manchmal hat sie laut gestöhnt, wenn die Schmerzen unerträglich waren, aber sie hat nie geklagt, gejammert oder gar geflucht. Tapfer ertrug sie die Tage, die ihr sicher nicht gefallen konnten. Eine besondere Freude waren ihr die 17 Enkel und die 19 Urenkel. Manchmal hockten gleich zwei Kleine auf ihrem Pflegebett und ließen es hoch und runter fahren.

Ich wurde in der Pflege sehr von meinen erwachsenen Kindern unterstützt. Wahre Wunder durfte ich erleben. Mich hat es sehr bekümmert, dass meine Mutter durch den Schlaganfall nicht nur einseitig gelähmt war, sondern auch noch ihre Stimme verloren hatte. Ihr Gesicht war sehr entstellt. Ich litt mit ihr. So vieles hätte ich sie noch fragen wollen, wie es früher in Bessarabien war, und nun kam kein einziges Wort mehr über ihre Lippen. Reglos lag sie in ihren Kissen.

In den Weihnachtsferien kam unser jüngster Sohn von Halle nach Hause. Er war auch entsetzt, als er Großmutter so elend daliegen sah. Er rückte seinen Stuhl ganz nah an ihr Bett. Auf ihren Nachttisch stellte er eine wunderschöne weiße Kerze. Die gesunde Hand nahm er in die seine, damit Großmutter seine Nähe spüren sollte. Dann begann er ihr eine Stunde lang Weihnachtslieder vorzusingen. Es waren die alten Melodien, die er von Großmutter gelernt hatte. Ich saß im Wohnzimmer nebenan, und die Tür war nur angelehnt. Plötzlich hörte ich ein Brummen und Summen, und diese Laute aus dem Munde meiner Mutter waren mir wie himmlische Melodien. Gott hatte die Zunge meiner Mutter berührt. Welch ein Wunder! Das war nur der Anfang. Wir haben dann jeden Tag mit ihr Lieder gesungen und mir ihr gesprochen. So hat sie bis zu ihrem Lebensende wieder reden können. Als die Zeit ihres Heimgangs näher rückte, bin ich spät abends noch einmal in ihr Zimmer gegangen, habe meine Hände auf ihren Kopf gelegt und ihr die Segensworte zugesprochen: „Der Herr segne dich und behüte dich. Der Herr lasse sein Angesicht leuchten über dir und sei dir gnädig. Der Herr erhebe sein Angesicht über dich und gebe dir seinen Frieden."

Das war mein letzter Liebesdienst, den ich ihr tun konnte. Wenige Tage später hat Gott sie in seine neue Welt heimgeholt. Die Trauerfeier, die unter großer Anteilnahme der Dorfbevölkerung und vielen Angehörigen und Freunden stattfand, war unter den Konfirmationsspruch meiner Mutter gestellt: „Ich habe dich je und je geliebt, darum habe ich dich zu mir gezogen aus lauter Güte." (Jeremia 31,3) Es war meinem Mann geschenkt, in bewegenden Worten Gott für das lange und so wunderbare Leben meiner Mutter zu danken. Ich werde ihr Andenken immer im Gedächtnis behalten.

Meine Mutter war eine wunderbare Frau. Wenn Ostern vorüber war, begann sie Ausschau nach Weihnachtsgeschenken zu halten. Sie kaufte jedes Jahr das Gleiche: Schlafanzüge oder Nachthemden, die sie in buntes Papier einwickelte und mit einem roten Band verschnürte. In ihrem Schlafzimmer stapelten sich dann die Pakete für jeden ihrer großen Familie auf dem Schrank oder unter dem Bett. Zu Advent besuchten wir meine

Mutter und durften dann den wertvollen Karton mit nach Hause nehmen.

Es war kurz vor ihrem Heimgang, da unterhielt ich mich mit ihr über das Schenken. Mit etwas verschmitztem Lächeln sagte sie: „Ich glaube, wenn ich nicht mehr am Leben bin, dann muss der Kaufmann Budschek seinen Laden zumachen." Da hatte sie gar nicht so unrecht, denn meine Mutter kaufte jedes Jahr 56 Nachthemden oder Schlafanzüge Marke Schiesser.

Es gibt nichts Schöneres, als eine solch liebevolle, selbstlose und wertvolle Mutter zu haben.

Die verbrannten Briefe

Auch meine Schwiegermutter will ich nicht unerwähnt lassen, die als allein erziehende Mutter ihren einzigen Sohn sehr liebte und aufs Engste mit ihm verbunden war. Dass er einmal heiraten und sein Leben mit einer Frau teilen würde, war in ihrem Lebensentwurf nicht vorgesehen, und es muss ihr wohl manch schlaflose Nacht bereitet haben, als Karl-Heinz mich kennen lernte und wir Heiratspläne schmiedeten.

Nun hatten wir Hochzeit gefeiert, und für meine Schwiegermutter war es unerträglich, dass ihr der Sohn nicht mehr ganz gehörte. Aber sie wollte retten, was noch zu retten war. So war sie es gewohnt, abends, wenn ihr Sohn von der Universität nach Hause kam, Tee zu kochen und belegte Brote auf den Tisch zu stellen. Manchmal backte sie auch eine Schwarzwälder Kirschtorte. So ließ sie den Abend in einem langen Gespräch meist bis nach Mitternacht ausklingen.

Nun war ich „junges Ding", wie sie mich oft nannte, in diese traute Zweisamkeit geplatzt, und meine Schwiegermutter hoffte, dieses Teestündchen mit hinüberzuretten. So passierte es immer häufiger, dass sie zu uns herauf rief: „Karl-Heinz, komm doch bitte noch einmal zu mir herunter, wir müssen etwas sehr Wichtiges besprechen."

Mein Mann ging die Treppe herunter und kam nicht wieder zu mir herauf. Ich lag in meinem Bett, wartete Stunde um Stunde, wurde ärgerlich, dass ich den Abend ohne meinen Mann verbringen musste. Im Stillen fragte ich mich, was denn Mutter so oft zu nachtschlafender Zeit zu besprechen habe. Als dann Karl-Heinz nach Mitternacht in unserer Wohnung erschien, explodierte ich. Bei meinem Temperament ging es dabei nicht gerade lieblich zu. Es fielen hässliche, verletzende Worte. Mein Mann legte sich ins Bett und sagte keinen einzigen Ton. Das machte meinen Zorn noch größer, weil mein Reden ihn anscheinend nicht erreichte. Es war, als spräche ich gegen eine Wand. Ein, zwei Stunden lagen wir dann unruhig nebeneinander. Schließlich hielt ich es nicht länger aus. Ich zupfte meinen Mann am Ärmel und redete auf ihn ein: „Karl-Heinz, wir wollen Christen sein und schweigen uns an! Lass uns doch wieder miteinander reden. Wir wollen doch gut zueinander sein!"

Und dann haben wir bis zum Morgengrauen unsere Probleme hin und her gewälzt. Draußen stimmten schon die Vögel ihre Lieder an. Und dann fiel ein Wort in unserem Gespräch: Vertrauen.

Unser Miteinander sollte vom Vertrauen getragen sein. Wir wollten uns nicht durch trotziges Schweigen verletzen und uns Wunden schlagen. Es war mir wichtig: Mein Mann und ich, wir gehören untrennbar zusammen. Keiner darf in unsere Beziehung negativ hineinwirken. Aber es war uns genau so wichtig, dass meine Schwiegermutter in unsere Liebesbeziehung mit eingeschlossen wurde.

Gewiss, solche Entschlüsse sind schnell gefasst, aber lassen sich nicht von heute auf morgen in die Tat umsetzen. So weiß ich um Siege, aber auch um Niederlagen. Mir hat die seelsorgerliche Begleitung durch einen Pfarrer geholfen, der mir riet, täglich für meine Schwiegermutter zu beten. Das würde unsere Beziehung zum Guten wenden.

Ehrlicherweise muss ich zugeben, dass ich in dieser Zeit lieber für einen Eskimo in

Grönland und einen Indianer in Südamerika gebetet hätte als für meine Schwiegermutter. Aber ich wollte Gott gehorsam sein und befolgte den Rat meines Seelsorgers. Mit der Zeit hat sich unser Verhältnis entspannt, so dass ich sie später in unser Haus holte und bis an ihr Lebensende pflegte. Sie wurde fast 93 Jahre alt und war mir für alle Hilfe sehr dankbar.

Einmal schaute sie mich besorgt an, als ich sie fütterte, und meinte: „Lotte, was wird denn nun mit den Briefen?" Ich wusste nicht, was sie damit sagen wollte. Erwartungsvoll blickte ich sie an. Sie aber schwieg. Erst nach ihrem Tod habe ich ihre Frage verstanden. In ihrem Nachlass fand ich einen Packen alter Briefe. Sie waren mit einem Goldband verschnürt und mit der Aufschrift versehen: Lotte. Mutter hatte die Angewohnheit, jeden Brief erst ins Unreine zu schreiben und dann den Antwortbrief dazu zu heften. In einer Nacht las ich die vielen Seiten und musste heftig weinen. So schrieb sie z.B. an ihren Bruder:

„Lieber Odo!

Jetzt kannst du nur meine Rettung sein. Stell dir vor, Karl-Heinz ist an ein Flüchtlingsmädchen geraten, an so eine Russenmagd aus Bessarabien. Weißt du eigentlich, wo Bessarabien liegt? Sieh zu, dass du diese Verbindung schnellstens wieder zur Auflösung bringst. Nie werde ich dieses junge Ding, das nichts ist und auch nichts hat, akzeptieren können. Es ist so arm wie eine Kirchenmaus und besitzt keinen Heller und Pfennig. So etwas passt doch nicht zu unserer Familie, wo du Oberregierungsrat am Patentamt bist und wir ein großes Haus besitzen. Sprich mit Karl-Heinz und treib ihm diese Mucken aus, er redet nämlich schon von Verlobung."

Neu wurde mir bewusst, wie schwer es ist, arm und ein Flüchtling zu sein. Es nützte mir nämlich gar nichts, dass ich wie Karl-Heinz Theologie studierte. Das Ganze ging mir sehr zu Herzen. Dann aber besann ich mich auf das Wesentliche. Ich hatte zu meiner Schwiegermutter im Laufe der Jahre ein gutes Verhältnis aufgebaut. Sollte mich dies nicht froh machen? Bitter wollte ich nicht werden und mich im Dickicht kleiner und großer Verletzlichkeiten verstricken. Ich wollte lieben und verzeihen. Denn wie könnte ich sonst im Vaterunser beten: „Und vergib unsere Schuld, wie wir unseren Schuldigern vergeben?" Ich zündete ein kleines Feuer an und verbrannte einen Brief nach dem anderen.

Heute hege ich gute Gedanken an meine Schwiegermutter und stelle Blumen auf ihr Grab. Ich ehre sie als Mutter, die meinem Mann das Leben geschenkt hat. 48 Jahre dürfen wir nun schon ein glückliches Paar sein und gemeinsam unserem Herrn Christus dienen.

Mein Vater

Ich würde etwas Wesentliches unterschlagen, wenn ich nicht noch von meinem Vater erzählte. Mit ihm fühle ich mich besonders innig verbunden. Gerade jetzt, da ich älter werde, gehen meine Gedanken immer wieder zu ihm zurück. Er war ein wunderbarer Mensch mit viel Herzensbildung und Humor, vor allen Dingen aber ein hervorragender Geschichtenerzähler. Sein Reichtum an meist wahren Geschichten ist kaum auszuloten. Als unsere Kinder heranwuchsen und Großvater öfter zu Besuch kam, hörte ich sie betteln: „Opa, erzähl uns eine Geschichte!"

Martin Buber, der bedeutende Religionsphilosoph, hat einmal gesagt: „Willst du einem Menschen etwas Gutes tun, so erzähle ihm eine Geschichte." Vater hat uns diesbezüglich viel Gutes getan. Seine Geschichten sind mir in Erinnerung geblieben, und noch heute kann ich sie nacherzählen.

Vom Spatzenfangen

Mein Vater war ein junger Bursche von etwa 15 Jahren. Mit seinen Kameraden heckte er einen Streich aus: Auf den Bauernhöfen standen immer hohe Strohschober. Dort nisteten im Winter die Vögel. Es waren vor allen Dingen Spatzen, die darin ihre Nester bauten. Eines Tages holten die Jungen ein großes Getreidesieb, steckten eine lange Gabel hinein und fuhren damit am Strohschober herunter. Die Vögel wurden durch das Rascheln aufgeschreckt und flogen aus ihren Nestern heraus direkt ins Sieb. Nun waren sie gefangen. Die Jungen steckten die Vögel in einen Korb und deckten ihn zu.

Mit ihrer Beute zogen sie am Abend vor die Fenster der verliebten Pärchen. Die Stuben hatten bei uns in Bessarabien ein Luftscheibchen, das meist offen stand, damit immer genügend frische Luft ins Zimmer kam. Die frechen Buben hielten den Korb hoch und deckten ihn ein wenig ab. Sofort flogen die Spatzen zum Licht hin, schwirrten um die Petroleumlampe, stießen sie um, und alles war in Dunkel gehüllt. Die jungen

Mädchen sprangen erschreckt vom Kanapee hoch, schrien laut auf, ihre Liebhaber stürmten los, um die Übeltäter zu fangen. Diese aber warfen sich bei stockdunkler Nacht in die Gräben und blieben so unentdeckt. Die Freude aber war den Verliebten an diesem Abend tüchtig vergällt.

Die Kameraden trafen sich später wieder in einer Stube und lachten noch lange darüber, wie gut ihnen der Streich gelungen war.

Diese Geschichte liebte ich besonders, weil Vater sie nicht nur spannend erzählte, sondern auch noch mit seinen Händen und Füßen das Flattern der Spatzen nachmachen konnte. Wir sahen förmlich, wie die Vögel dem Licht zuflogen und die Lampe umstießen. Mit seiner Stimme machte er in unnachahmlicher Weise das laute Gezwitscher und Gezeter der Spatzen nach und ließ die Mädchen aufheulen. Wir juchzten und jubelten und baten: „Papa, erzähl weiter, bitte, weiter."

Mein Vater war aber auch ein interessierter Leser. Wenn er zu uns zu Besuch kam, musste mein Mann ihm stoßweise Bücher aus der Bibliothek entleihen. Die Nachtstunden gehörten dann seiner Lektüre. Dabei saß er meist in unserer Küche, weil wir dort eine besonders helle Neonlampe haben, und genoss bis gegen vier Uhr morgens vor allem die weltbekannten russischen Schriftsteller wie Gogol, Puschkin, Gorki, Tolstoi, Dostojewski, Solschenizyn und viele andere. Am liebsten war es ihm, wenn er diese Werke in Russisch lesen konnte. Er sprach perfekt Russisch, Rumänisch und Polnisch. Wenn er sich dann müde gelesen hatte, duschte er und legte sich noch drei Stunden zum Schlafen nieder. Aber zum Frühstück erschien er dann wieder.

Eigentlich wäre es mir lieber gewesen, wenn ich mit meinen Eltern etwas später gegessen hätte, denn bei uns herrschte in der kleinen Küche am Tisch reger Trubel, und die Kinder mussten auf der Eckbank eng zusammenrücken. Einmal bat ich Vater, er möchte doch etwas später zum Essen kommen, wenn die Kinder das Haus schon verlassen hätten. Aber davon wollte er nichts wissen. Er wehrte ab: „Lotte, tu mir dies bitte nicht an. Du glaubst gar nicht, welche Freude es mir macht, eure fünf Kinder beim Frühstück zu beobachten. Ihr seid mit euren Kindern reich beschenkt."

Damals litt er schon an Krebs, und das Essen bereitete ihm große Qual.

In den Ferien durften die Kinder immer in sein Bett schlüpfen, egal wie früh es noch war. Dann ging das Erzählen los. Er berichtete von seinem Hund Rappka, von den Pferdedieben, von Scherzen aus der Zeit als Gymnasiast und von seinen Erfahrungen, die er als Student in Leipzig gemacht hat.

Er hat in den Jahren nach dem Ersten Weltkrieg in Deutschland Agrarwissenschaften studiert und wohnte bei einer Wirtin in der Bernhardstraße. Diese Straße existiert heute noch. Damals litten die Menschen vor allen Dingen in den Städten große Not. Bekannt geworden ist die Hungerperiode durch den so genannten Steckrübenwinter. Es gab kaum Lebensmittel zu kaufen, und viele Stadtbewohner litten Hunger. Auf dem Lande war die Ernährung etwas besser, aber in der Stadt war das Leben erbärmlich geworden. Welch ein Glück, dass mein Vater von einem großen Bauernhof stammte. Es war vor allen Dingen Großmutter, die regelmäßig Lebensmittelpakete mit Butter, Wurst, Schinken, Speck, Mehl und noch vielen anderen Köstlichkeiten nach Leipzig schickte. Die Wirtin hat später einmal gesagt: „Ohne meinen Studenten aus Bessarabien hätte ich wohl verhungern müssen." In großer Verehrung sprach Vater von ihr, denn sie hat ihm im Gegenzug viel Gutes getan und ihn wie ihr eigenes Kind geliebt. Sie hat für ihn gekocht, gewaschen und das Zimmer geputzt. Als Vaters Studienzeit in Leipzig zu Ende ging und er nach Bessarabien zurückfuhr, war sie unendlich traurig. Aber über viele Monate schickte Großmutter Pakete nach Leipzig.

Das Gut in Purkari

Dieses Gut gehörte dem rumänischen Königshof, und er bezog seine Butter, seinen Wein, sein Schlachtvieh, sein Obst und Gemüse von diesem großen landwirtschaftlichen Betrieb. Wichtige Versuchsfelder wurden hier angebaut, um Weizen zu züchten, der dem Frost widerstand und zudem ertragreich war. Auf den Weiden grasten oft riesige Schafherden. Hier wurden besonders die Karakulschafe gezüchtet, die wegen ihres schönen Fells sehr hohe Verkaufszahlen lieferten. Stolz war mein Vater besonders auf die Weinberge, die auch unter seiner Aufsicht und Forschung standen. Trauben, so groß wie ein Daumen, hingen an den Reben und waren sehr ertragreich. Öfter begleitete ich Vater, wenn er die Weinkeller inspizierte. Fässer, größer als ein Mann, waren dort gelagert, und wenn königlicher Besuch aus Bukarest kam, wurden die herrlichsten Weine ausgeschenkt. Am liebsten aber fuhr ich auf einem zweirädrigen Gefährt mit Vater durch die weiten Felder.

Will man reiche Erträge erzielen, dann

darf man weder Saat noch Ernte dem Zufall überlassen. Sehr sorgfältig beaufsichtigte Vater seine landwirtschaftlichen Arbeiter und überraschte sie mit seinem plötzlichen Erscheinen. Sah er einen Knecht faul in der Sonne liegen, wurde er ermahnt. Treue, fleißige Arbeiter lobte er und nicht selten ließ er ihnen eine Flasche guten Weins zukommen. Vater hat seinen Beruf sehr geliebt. Er pflegte mit seinen Landarbeitern einen vertrauten Ton, ohne dabei kumpelhaft zu werden.

Die Liebe zur Literatur

Meine Liebe zur Literatur verdanke ich vor allen Dingen meinem Vater.

Es war mitten in der Erntezeit. Von unserem Acker wurde die letzte Fuhre Roggen bei strahlendem Sonnenschein in die Scheune eingefahren. Ich saß hoch oben auf dem Wagen, müde und hungrig, aber doch froh, dass das Feld abgeerntet war. An meinen Vater gelehnt durfte ich sogar die Leine und Peitsche in Händen halten und ganz allein die Pferde lenken. „Papa, erzähl mir eine Geschichte", bettelte ich. Mein Vater war ja ein Meister im Geschichtenerzählen und schon früh bin ich in den Reichtum der Literatur eingeführt worden. Es waren vor allen Dingen die russischen Dichter, die mich beeindruckt haben.

Die Bücher, die ich in der Oberstufe des Gymnasiums gelesen habe, konnte ich immer sehr gut mit meinem Vater besprechen. Er kannte sie alle. So erlebte ich oft frohe Stunden trotz harter Arbeit in der Erntezeit. Ich verdanke meinem Vater sehr viel und liebte ihn über alles.

Ein kleines
Missgeschick beim Säen

Ab und zu gab es auch einmal Verstimmungen zwischen meinem Vater und mir. Ich studierte schon in Marburg und war über die Semesterferien nach Hause gekommen. Ich half bei der Aussaat des Hafers und führte die Pferde. Das Feld war recht schwierig zu bearbeiten, weil es nach einer Seite abfiel und zudem in der Form einem Dreieck ähnelte. Gegen Ende der Bestellung musste ich immer öfter die Sämaschine wenden. Dabei passierte mir ein Missgeschick. Ich hatte die Pferde zu eng gewendet, so dass dadurch der Vorderkarren umstürzte. Mein Vater war sowieso schon durch das ständige Drehen der Sämaschine gereizt. Außerdem dunkelte es bereits. Dass mir nun noch dieses Dilemma passieren musste, machte ihn ärgerlich. „Habe ich dich deshalb zur Universität geschickt, dass du noch nicht einmal die Pferde richtig lenken kannst?", schimpfte er los. Ich empfand seinen Tadel als sehr ungerecht, aber ich hätte mich nicht getraut, Vater zu widersprechen. Ich war froh, als wir endlich das Haferfeld eingesät hatten und am Abend heimfahren konnten.

Schwarz wie ein
Schornsteinfeger

Eine Arbeit war mir besonders lästig: das
Streuen von Düngemittel. Die Saatschüssel
voll mit Düngemittel hing an einem Gurt
über die Schulter vor dem Bauch. Damit
musste ich die langen Felder auf- und ab-
schreiten und den Kalkstickstoff mit der
Hand ausstreuen. Schwarz wie ein Schorn-
steinfeger wurde ich bei diesem Tun. In der
Mittagszeit setzten wir uns zu einer kurzen
Rast auf einen Bund Stroh und aßen unsere
Wurstbrote. In dem Moment ging ein vor-
nehmer Herr an unserem Feld vorbei. Mein
Vater kannte ihn, und leutselig, wie er war,
begann er ein Gespräch mit dem Bekannten und stellte mich ihm vor: „Das ist meine
Tochter. Lotte studiert in Marburg Theologie, und in den Semesterferien hilft sie mir
in der Landwirtschaft." Etwas erstaunt sah
mich der Spaziergänger von oben bis unten
an. In dieser Arbeitskleidung und dazu noch
kohlrabenschwarz im Gesicht und an den
Händen vermutete er keine Studentin. Mir
war die Sache etwas peinlich. Mein Vater

hat mir meine Beschämung angesehen. Als wir mit unserer Düngeschüssel wieder übers Land gingen, gab er mir einen guten Rat: „Lottchen, merk dir eines: Arbeit schändet nicht." Dieser Zuspruch hat mich ermutigt, und ich konnte wieder aufrechten Ganges über das Feld gehen.

Mein Vater hat sich selbst nie geschämt, wenn er für die Kleinbauern Mist oder Jauche fahren musste, obwohl er doch ein Hochschulstudium absolviert hatte und Direktor eines großen landwirtschaftlichen Instituts von mehreren tausend Hektar Land gewesen war.

Unsere Ziege Lisa

Zu meiner schwierigsten Aufgabe gehörte das Melken unserer Ziege. Immer wenn meine Mutter krank oder verreist war, fiel mir diese Aufgabe zu. Nun wäre ja Melken kein Problem, aber unsere Lisa war immer kampfbereit, wenn ich kam. Sie senkte dann ihren Kopf und rannte mit ihren Hörnern direkt auf mich zu. Auf den Rippen und an den Beinen trug ich dann blaue Flecken davon. Ich versuchte es im Guten, redete freundlich mit ihr und strich ihr über das Fell. Aber das Vieh blieb stets bockig und störrisch. Je mehr Angst ich zeigte, desto schlimmer trieb Lisa es mit mir. Einmal hatte sie mir auch den Eimer mit Milch umgestoßen, und Vater schimpfte mich aus, warum auf dem Abendbrottisch keine heiße Milch stand.

Ich suchte nach einem Ausweg, holte ein starkes Seil und band sie mit ihren Hörnern an einem Pfosten fest. Sie versuchte sich zu wehren, stieß mit dem Kopf nach rechts und links, konnte sich aber nicht aus der Schlinge befreien. Ich hatte über ihre Bockigkeit gesiegt. Fortan machte mir das Melken sogar

Spaß. Ich strahlte übers ganze Gesicht, wenn ich meinen Eimer mit Milch in die Küche tragen konnte.

Lisa aber hopste im Pferch wild herum, wenn ich sie aus dem Seil gelöst hatte.

„Du dummes Tier! Das hast du dir selbst zuzuschreiben", streichelte ich ihr über den Kopf. „Warum bist du nur so dickköpfig und aggressiv? Tobe dich jetzt aus, aber denke daran, morgen früh muss ich dich wieder anbinden, wenn du weiter so störrisch bist." Und ich schloss die Tür des Stalls für die Nacht.

Ein mutiger Blick nach vorn

Ich habe von meinen Eltern gelernt, nicht alten, verloren gegangenen Werten nachzutrauern, sondern vorwärts zu blicken. Als wir mit unseren drei Pferden in Breitenbach bei Bebra einfuhren, hätte uns sicher niemand geglaubt, dass wir selbst Besitzer eines größeren Gutes gewesen waren. Bei meinen Eltern galt die Devise: „Vorwärts immer, rückwärts nimmer! Wer immer strebend sich bemüht, den können wir erlösen." Mein Vater hat uns später, als wir schon längst eigene Kinder hatten, immer wieder an die Sprüche erinnert, die er uns als Kinder eingeprägt hat.

Meine heranwachsenden Kinder haben sich über derlei Sprüche oft hinter dem Rücken ihres Großvaters lustig gemacht. Aber vielleicht haben diese Sprüche doch auf lange Sicht dazu beigetragen, dass der Faulheit in unserer Familie gewehrt wurde. So war uns Arbeit nie ein Problem, sondern ein Vorrecht, damit etwas Gutes aufzubauen.

Einmal, auf einem seiner letzten Spaziergänge, nahm mich mein Vater zur Seite, als er unsere fünf Kinder heranwachsen sah.

„Lotte, sorge dafür, dass deinen Kindern kein Gras unter den Füßen wächst. Sieh zu, dass sie immer kleine Aufgaben übernehmen." Das war ein guter, pädagogischer Rat. So habe ich meinen Kindern immer wieder kleine Jobs besorgt. Sie mähten bei den Nachbarn Gras, halfen während der Ferien in einer Gärtnerei, trugen Zeitungen und Werbematerial aus oder gaben Nachhilfestunden. Dadurch verfügten sie auch über eigenes Geld und konnten sich kleine Wünsche erfüllen: einen Lederball, Sportschuhe, interessante Bücher. Heute haben unsere Söhne und unsere Tochter selbst heranwachsende Kinder, und ich darf feststellen, dass sie sie fast genauso erziehen, wie sie selbst erzogen worden sind.

Die verbrannten Hausschuhe

An ein Ereignis mit meinem Vater erinnere ich mich nur ungern. Längst waren die
Armuts- und Notzeiten überstanden, aber
noch immer trug Vater seine alten Hausschuhe. Vorne schaute schon der große Zeh
durch ein Loch, und an der Ferse war das
Leder heruntergetreten. Mir kamen die
Schuhe schrecklich hässlich vor. In solch
alten Tretern wollte ich meinen Vater nicht
herumlaufen sehen. Als ich wieder einmal
bei meinen Eltern zu Besuch war, half ich
meiner Mutter beim Putzen. Im Schlafzimmer unter den Betten entdeckte ich die alten
Hausschuhe. Kurz entschlossen warf ich sie
in den Ofen.

Mein Vater hat mir dies sehr übel genommen, auch als ich ihm versprach, neue Schuhe zu kaufen. „Ich will keine neuen, ich will
meine Hausschuhe", sagte er fast im Zorn.
Mir tat es leid, denn ich wusste nicht, dass
an diesen Hausschuhen so viele gute Erinnerungen hingen. Er hatte sie einst von seiner
Mutter geschenkt bekommen und noch in
der alten Heimat in Bessarabien getragen.

Ich hatte eine Kostbarkeit zerstört, die nicht zu ersetzen war. Diese Schuhe hatten für meinen Vater ideellen Wert. Zum Glück war Vater nicht nachtragend, und schon bald war dieser Vorfall vergessen.

Unsere treuen Pferde

Mein Vater war, soweit ich mich erinnern kann, von guter Gesundheit gewesen. Früher allerdings in jüngeren Jahren überfielen ihn häufig Anfälle von Bronchialasthma. Aber dann erfolgte 1940 die Umsiedlung vom Schwarzen Meer nach Deutschland. Das war mit einem gewaltigen Klimawechsel verbunden. Nach einem längeren Lageraufenthalt folgte dann die Neuansiedlung im Warthegau. Im Januar 1945 mussten wir in den Westen fliehen. Es kam einem Wunder gleich, dass nun die Asthmaanfälle nicht mehr auftraten. Welch ein Glück!

Als mein Vater sein Pensionsalter erreicht hatte, gab er die Landwirtschaft auf. Für meine Eltern war es ein rabenschwarzer Tag, als die beiden Pferde aus dem Stall geführt wurden und den Weg zum Schlachthof antreten mussten. Mein Vater wurde immer schweigsamer, und meine Mutter weinte. Wir Kinder verkrochen uns ins hinterste Zimmer, um den Abtransport nicht mit ansehen zu müssen. Auf diesen Pferden waren wir geritten, sie hatten uns beim Broterwerb geholfen und vor allen Dingen auf der Flucht das Leben gerettet.

Unser drittes Pferd, einen Schimmel, hatten wir einige Jahre zuvor verkauft. Das hatte eine besondere Bewandtnis. Meine älteste Schwester hatte sich verlobt, und nun drang meine Mutter darauf, dass eine Aussteuer angeschafft würde. Schweren Herzens verkaufte mein Vater unseren Schimmel. Von dem Erlös wurden Betttücher, Bezüge, Handtücher, Decken und Kissen angeschafft.

Leider ist dieses Verlöbnis wieder auseinander gebrochen. Meine Mutter war todunglücklich, weinte und musste sich zudem den Vorwurf meines Vaters anhören: „Der Verlobte ist weg, der Schimmel ist weg, und in einer Kiste liegen dafür ein paar Lumpen!"

Die letzten Jahre mit Vater

Nachdem meine Eltern die Landwirtschaft aufgegeben hatten, folgten für sie noch ein paar schöne Jahre. Vater erhielt inzwischen seine Pension aus der Zeit, da er Professor war, und so konnten die Eltern auch einige Reisen unternehmen. Einmal fuhren sie ans Schwarze Meer. Das Baden in den stürmischen Fluten erinnerte meine Eltern an die herrliche Zeit, als sie jedes Jahr die Sommermonate in Budaki, einem rumänischen Badeort, verbrachten. In dieser Zeit hatten die Studierenden ihre Semesterferien. Wir wohnten dann in einem Sommerhaus ganz in der Nähe des Strandes. Vater brauchte vor allen Dingen viel frische Luft und die Bewegung im Freien. Außerdem arbeitete er an wissenschaftlichen Forschungsaufgaben.

Als Pensionär hat er regelmäßig lange Spaziergänge mit meiner Mutter unternommen. Wenn er bei uns zu Besuch war, habe ich ihn gerne begleitet. Wie sehr liebte er unseren Wohnort Cappel, der ringsum von herrlichen Wäldern umgeben ist. Diese letzten Jahre, in denen er sich nicht mehr auf den

Feldern abquälen musste, waren eine überaus schöne Zeit.

Eines Tages aber erhielt ich die Nachricht,
Vater habe starke Schmerzen im Unter-
bauch. Er ging zum Arzt. Die Diagnose ließ
Darmkrebs vermuten. Vater begab sich sofort ins Krankenhaus nach Kassel und wurde operiert. Ich eilte an sein Krankenbett.
Es bestand wenig Hoffnung, dass der Krebs
in den Griff zu bekommen sei. In der Leber
hatten sich schon Metastasen angesiedelt.
Während des Besuches bei ihm musste ich
Stärke zeigen. Zusammen mit meiner Tochter sangen wir ihm sein Lieblingslied und
beteten mit ihm.

Jesu, geh voran
auf der Lebensbahn.
Und wir wollen nicht verweilen,
dir getreulich nachzueilen.
Führ uns an der Hand
bis ins Vaterland!

Soll's uns hart ergehn,
lass uns feste stehn
und auch in den schwersten Tagen
niemals über Lasten klagen;

denn durch Trübsal hier
geht der Weg zu dir.

Rühret eigner Schmerz
irgend unser Herz,
kümmert uns ein fremdes Leiden,
o so gib Geduld zu beiden;
richte unsern Sinn
auf das Ende hin!

Ordne unsern Gang,
Jesu, lebenslang.
Führst du uns durch raue Wege,
gib uns auch die nöt'ge Pflege.
Tu uns nach dem Lauf
deine Türe auf.

Ich ahnte, dass Vater wohl sterben müsste. Das Gespräch mit dem behandelnden Arzt ließ keine Zweifel aufkommen. In diesen Tagen ließ ich mich von dem Wort der Bibel leiten: „Befiehl dem Herrn deine Wege und hoffe auf ihn, er wird's wohlmachen." (Psalm 37,5)

In dieser so schmerzhaften Herausforderung lernte ich, Gott zu vertrauen. Ich dankte ihm für die mehr als vier Jahrzehnte, in denen ich einen liebenden Vater an meiner Seite haben durfte. In der schrecklichen Vorahnung seines Todes war es mir zumute, als ob Gott seine Hand freundlich auf meine Schulter legte und mir zusicherte: „Ich, dein himmlischer Vater, bin dir ganz nahe. Ich tue jetzt vor deinen Augen eine wunderbare Tat. Ich werde das Leben deines Vaters vollenden und ihn in meine neue Welt hineinnehmen. Ich werde ihm die Tränen aus den Augen wischen und allem Leid, allem Schmerz, allem Geschrei ein Ende setzen. Glaube und fasse es: Ich meine es unendlich gut mit dir und deinem Vater. Nach diesem irdischen Lauf öffne ich ihm die Tür zum Himmel, und dein Vater wird das schauen dürfen, was kein Auge gesehen und kein Ohr gehört hat." Diese Tröstung war für mich kaum zu begreifen. Sie gab mir Kraft, mich von meinem Vater zu verabschieden. Die Hoffnung der Auferstehung aber bleibt.

Aufsehen auf Jesus

Zu meinen schönsten Aufgaben gehört der Verkündigungsdienst. Nicht, dass ich mich dazu dränge, aber es freut mich, wenn ich zu Gottesdiensten eingeladen werde. Mir ist natürlich die große Verantwortung bewusst, und ich steige oft mit schlotternden Knien auf die Kanzel. Das Abschiedswort des Auferstandenen in Matthäus 28,18-20 nimmt mich aber in die Pflicht:

„Und Jesus trat zu ihnen, redete mit ihnen und sprach: Mir ist gegeben alle Gewalt im Himmel und auf Erden. Darum gehet hin und lehret alle Völker und taufet sie in dem Namen des Vaters und des Sohnes und des Heiligen Geistes, und lehret sie halten alles, was ich euch befohlen habe. Und siehe, ich bin bei euch bis an der Welt Ende."

Eine Predigt, die ich vorbereitet habe, soll den Abschluss meiner Biografie bilden. Sie soll mein Vermächtnis sein. Der Predigttext steht in Hebräer 12,1-3:

„Darum auch wir: Weil wir eine solche Wolke von Zeugen um uns haben, lasset uns ablegen, was uns beschwert, und die

Sünde, die uns ständig umstrickt, und lasset uns laufen mit Geduld in dem Kampf, der uns bestimmt ist, und aufsehen auf Jesus, den Anfänger und Vollender des Glaubens, der, obwohl er hätte Freude haben können, das Kreuz erduldete und die Schande gering achtete und sich gesetzt hat zur Rechten des Thrones Gottes. Gedenket an den, der so viel Widerspruch gegen sich von den Sündern erduldet hat, damit ihr nicht matt werdet und den Mut nicht sinken lasst."

Liebe Gemeinde!

Was hält unser Leben, wenn es in den Stürmen tüchtig hin und her gerüttelt wird? Was bleibt uns, wenn wir den Eindruck gewinnen, der Boden unter unseren Füßen wird uns entzogen? Es ist der feste Blick auf Jesus, der versprochen hat, uns zu halten und zu tragen und uns durch die Wirrnisse der Zeit zu bringen.

Als der alte Vater von Adolf Schlatter, dem bedeutenden Theologen, schwer krank darniederlag, unter Schmerzen und Krämpfen litt und in heftigste Anfechtungen geraten war, versuchten ihn seine Angehörigen zu trösten. Sie wiesen ihn hin auf die goldenen

Gassen des neuen Jerusalems, die er bald erblicken würde. Der Kranke aber bäumte sich energisch dagegen auf und schrie laut in den Raum hinein: „Was soll mir der Plunder! Ich will Jesus sehen!"

In Stunden der Anfechtung und Bedrohung durch den Tod bricht vieles weg, was uns vielleicht einst als ganz wesentlich erschienen ist, und Jesus allein bleibt. Er ist unsere Zuversicht und Hoffnung.

Gernot Spieß, der Generalsekretär der Studentenmission, erzählte einmal folgende Geschichte: Ein junger Vikar besucht zum ersten Mal in seiner Gemeinde einen Schwerkranken. Dieser leidet schrecklich und erduldet viele Schmerzen. Dazu ist er auch noch schwerhörig. Der Vikar hält ihm eine kurze Andacht, wünscht ihm gute Besserung und verabschiedet sich von ihm. Da richtet sich der alte Mann auf und fragt seine Frau: „Was hat der Herr Vikar gesagt?" Da schreit ihm seine Frau ins Ohr: „Du sollst an den Heiland denken, der hat noch mehr ausgehalten als du!" Das war schon eine kräftige, handfeste Seelsorge. Aber sie war hilfreich.

In Stunden äußerster Qual, Niedergeschlagenheit und Verzweiflung dürfen wir an den Heiland denken. Er hat immer noch mehr ausgehalten, als uns zugemutet wird. In solchen Stunden ist es ratsam, die Kreuzigungsgeschichte in den letzten Kapiteln des Matthäusevangeliums zu lesen. Da gehen uns die Augen auf, wie tief und unbegreiflich Jesu Leiden war. Er hat ja nicht nur die schrecklichen Folterungen und Qualen der Kreuzigung erlitten, sondern trug noch die Sündenlast einer ganzen Menschheit auf seinen Schultern, meine und unser aller Schuld. Jesus weiß, was Leid bedeutet, und redet nicht wie ein Blinder von der Farbe. Hier in den wenigen Versen des Hebräerbriefes wird uns Jesus Christus, der Heiland der Welt, vor Augen gestellt. Ja, wir werden aufgefordert, an seine Schmach zu denken, die er für uns auf sich genommen hat. Er hätte als der Gottessohn im Himmel Freude haben können, aber er verließ die Herrlichkeit bei Gott, weil er uns in unserer Verzweiflung nicht allein lassen wollte. Nichts, aber auch gar nichts außer Jesus trägt uns, wenn wir vom Leid gerüttelt und geschüttelt werden.

In den Versen des Hebräerbriefes, der ja ein Trostbrief ist, sind wir alle mit eingeschlossen. Uns gilt die Auferstehungshoffnung; denn Christus ist ja nicht im Tode geblieben, sondern ist aus dem Grab auferstanden und in den Himmel aufgefahren. Der Schreiber dieser Trostbotschaft will mit seinen Lesern ein Gespräch führen, er will sie mitnehmen in den Reichtum des Wortes Gottes und ihnen eine neue Perspektive aufzeigen.

Drei Bilder stellt er uns dabei vor Augen, damit wir seine Botschaft besser verstehen. Er spricht von der Wolke der Zeugen, die uns auf unserem Weg begleitet, damit wir das Ziel nicht verfehlen und nicht müde und matt werden. Ich glaube, jeder weiß um solche elenden, matten Stunden, in denen er am liebsten zerschlagen auf seinem Weg liegen bleiben möchte. Wir sind wie Kämpfer, die den Feind vor Augen haben und es längst aufgegeben haben, an den Sieg zu glauben. Jeder von uns muss Angst haben, dass er das Ziel seines Glaubens nicht erreicht, denn „der Teufel geht umher wie ein brüllender Löwe und sucht, welchen er verschlinge" (1. Petrus 5,8).

Er kennt unsere Schwachstellen und greift uns gerade da an. Der eine gerät durch sein leichtsinniges Kaufverhalten in die Schuldenfalle, der andere macht sich in unnötiger Weise Sorgen, ob denn das Dach auf seinem Haus noch seine letzten Jahre überdauern werde. Da gibt es Menschen, die sich in ihrer Eitelkeit gekränkt fühlen, wenn sie im Umgang mit anderen nicht an erster Stelle stehen. Ich kenne Christen, die nicht mehr mit ihren Kindern reden, weil diese sie ins Altenheim abgeschoben haben, und Kinder, die in sträflicher Weise ihre alten Eltern vernachlässigen. Der eine ist stolz, der andere zerknirscht. Jeder hat seinen wunden Punkt, wo er dem Teufel eine offene Flanke bietet. Im Evangelium werden uns einige Sünden namentlich genannt, vor denen wir uns hüten müssen: „Aus dem Herzen der Menschen kommen heraus: böse Gedanken, Unzucht, Diebstahl, Mord, Ehebruch, Habgier, Bosheit, Arglist, Ausschweifung, Missgunst, Lästerung, Hochmut, Unvernunft." (Markus 7,21-22)

Es gibt viele Dinge, die unsere Seele matt werden lassen, und deshalb mahnt uns der Hebräerbrief vor solchen Gefährlichkeiten. Diese Verse hier sind nicht als Verbrämung der Schlusskapitel dieses Buches gedacht, sondern wollen an uns handfeste, kräftige

Seelsorge üben. Jesus selbst will für uns in diesen Glaubenskampf eintreten und für uns streiten. In Lukas 22,32 hat er ein ermutigendes Wort zu Petrus gesagt, das auch uns gilt: Er will beim Vater für uns eintreten, dass der Glaube bei uns nicht ermatte und gänzlich aufhöre. So werden auch wir durch diese Verse in den Strom göttlicher Liebe mit hineingenommen. Das macht der Hebräerbrief deutlich an der Wolke der Zeugen. Wir, als angefochtene Gemeinde, stehen nicht allein in dieser Welt, sondern sind umgeben von tapferen Kämpfern, die ihr Leben vollendet und das Ziel erreicht haben. Im vorangegangenen Kapitel werden uns einige Männer und Frauen der Bibel genannt. Wir hören von Noah, Abraham, Jakob, Mose, von der Hure Rahab, von David und Samuel, um nur einige zu nennen. Über jeden dieser Glaubenszeugen ließe sich eine besondere Predigt erstellen. Auf dem Weg ihres Glaubens waren ihnen nicht Rosen gestreut, sondern sie erlitten schwerste Anfechtungen. Es greift einem schon ans Herz, wenn es da heißt: „Andere haben Spott und Geißelung erlitten, dazu Fesseln und Gefängnis. Sie sind gesteinigt, zersägt, durchs

Schwert getötet worden; sie sind umhergezogen in Schafspelzen und Ziegenfellen; sie haben Mangel, Bedrängnis, Misshandlung erduldet. Sie, deren die Welt nicht wert war, sind umhergeirrt in Wüsten, auf Bergen, in Höhlen und Erdlöchern." (Hebräer 11,36-37)

Die wenigen hier angeführten Namen müssten wir fortsetzen und Männer und Frauen aus der Kirchengeschichte nennen, die Gott gedient und dabei sogar ihr Leben gelassen haben.

Ich denke dabei an fünf Missionare, die sich berufen wussten, zu den Aucas zu gehen. Sie haben das Dennoch des Glaubens erprobt und zahlten mit ihrem Leben. Sie kamen aus Amerika und waren bereit, zu diesem Stamm in Südamerika zu gehen und ihm Gottes Wort zu verkündigen. Über ihrem Dienstauftrag lag eine schreckliche Tragik. Alle fünf Missionare wurden durch die Pfeile der Indianer getötet, noch ehe sie recht mit ihrer Arbeit hatten beginnen können. Zu Hause warteten ihre Familien und fragten sich, wie es ihnen wohl bei ihrem ersten Einsatz ergangen sei. Sie waren entsetzt, als sie von dem Mord an ihren Lieben hörten.

Sie konnten den frühen Tod nicht begreifen, aber sie hielten daran fest: Gott macht keine Fehler. Eine der Ehefrauen schrieb in ihr Tagebuch: „Heute hat uns der Major der Missionsgesellschaft mitgeteilt, dass er vier Tote im Fluss gefunden habe. Einer von ihnen hatte ein Leinenhemd und eine blaue Hose an. Roy, mein Mann, trug diese Kleidung.

Gott schenkte mir vor zwei Tagen diesen Vers aus dem 48. Psalm: ‚Dieser Gott sei unser Gott immer und ewiglich.‘ Als ich mich der Tatsache von Roys Tod gewiss wurde, war mein Herz des Lobes voll. Er war seines Heimgangs würdig gewesen. Hilf mir, o Herr, dass ich meinen Kindern Mutter und Vater zugleich sein kann. Schenk mir die rechte Weisheit, meine kleine Schar recht zu erziehen. Ich will frei sein von Selbstbemitleidung. Ich bin sicher, dass dies alles der vollkommene Wille Gottes ist. Der Herr hat mein Herz vor jeder Hysterie verschlossen und mich mit seinem vollkommenen Frieden erfüllt."

Später sind dann die Ehefrauen selbst bereit gewesen, als Missionarinnen zu den Aucas zu gehen und ihnen die frohe Botschaft des Evangeliums zu bringen. Sie lebten vom

Dennoch des Glaubens und ließen sich durch den Märtyrertod ihrer Männer nicht abschrecken, Jesu Wort gerade den Mördern ihrer Männer zu verkündigen. Heute sind durch eine Erweckung in diesem Gebiet blühende Gemeinden entstanden.

Diese tapferen, mutigen Männer gehören nun zur oberen Schar, zu der Wolke der Zeugen, und haben ein leidenschaftliches Interesse daran, dass auch wir das Ziel erreichen. Sie wollen nicht ohne uns vollendet werden. Vielleicht kennen auch wir persönlich Männer und Frauen, die uns auf dem Weg des Glaubens vorangebracht haben und nun in der Herrlichkeit vor Gott thronen.

Ich denke an meinen Jugendbundleiter, Herrn Prediger Gardemann. Wie hat er sich gemüht, mir das ABC des Glaubens beizubringen. Hatte ich einen Konflikt in der Schule oder mit meinen Geschwistern, dann durfte ich alles mit ihm besprechen. Er hat mit mir gebetet und mir immer wieder viel Mut gemacht. Nach der Jugendstunde, wenn es draußen schon finster war, hat er mich nach Hause begleitet. Als ich mich zum ersten Mal in einen jungen Mann verliebte und auf Wolke sieben schwebte, holte mich Herr Gardemann auf den Boden der Tatsachen zurück. Ihm verdanke ich viel in Bezug auf meinen Glauben an Christus.

Oder ich denke gerne zurück an Prediger Weide, der mir nach einem langen Gespräch, als ich sehr über mich selbst zerknirscht war, den Segen Gottes zugesprochen hat: „Der Herr segne dich und behüte dich! Der Herr lasse sein Angesicht über dir leuchten und sei dir gnädig." Ich liebe diesen Segensspruch und gebrauche ihn gerne in der Seelsorge, wenn ich mit Menschen bete. Es gibt im Grunde nichts Besseres, als dass wir unser Leben unter den Segen Gottes stellen. Diese treue Zeugen, die mir gerade in der Anfangszeit meines Glaubens wichtig geworden waren, gehören nun alle zur Wolke der Zeugen und erwarten uns an der Pforte der himmlischen Heimat. Sie wollen uns anfeuern, damit wir das Ziel nicht verfehlen. Wie ermutigend ist es, wenn z. B. beim Sport die Zuschauer auf den Rängen des Spielfeldes sitzen und ihre Sportler anfeuern. Ich denke an Dieter Baumann, der bei einer Olympiade die Goldmedaille im Langstreckenlauf errang. Oder an einen Marathonläufer, der so ausgelaugt und ausgemergelt war, dass er fast zusammengebrochen wäre. Nur mühsam konnte er sich ins Ziel hineinretten. Es waren die Anfeuerungsrufe und das laute Klatschen der Zuschauer auf den Tribünen, die ihm doch noch zu Gold verhalfen. Helfer standen am Zieleinlauf bereit, die den erschöpften Athleten auffingen, ihn in Decken hüllten und vom Feld trugen. Aber die Medaille war ihm sicher. Freudestrahlend nahm er sie dann bei der Siegesfeier entgegen. So haben die Zuschauer auf den Rängen einen enormen Anteil daran, ob ein Sportler den Sieg erringt. Genauso ist es auch im Glaubenskampf. Wir brauchen die Wolke der Zeugen, die uns im Lauf unseres Lebens anfeuern. So gelingt es uns, dass wir das Ziel nicht aus den Augen verlieren und die Lorbeerkrone erhalten. Es sind nicht wenige, die mitten im Glaubenskampf aufgegeben oder sich anderen Dingen zugewandt haben. Wir aber wollen auf die Wolke der Zeugen schauen und den Kampf durchhalten, bis der Sieg errungen ist. Es ist die triumphierende Gemeinde, die uns anfeuert.

Als Dietrich Bonhoeffer von einem Wachmann zu seiner Hinrichtung abgeholt wurde, verabschiedete er sich von seinen Mitgefangenen mit den Worten: „Jetzt kommt das Ende, für mich der Beginn des ewigen Lebens!"

Die letzte Handlung von Spurgeon, der ja der Fürst unter den Predigern genannt wurde, bestand darin, dass er Grüße an seine Gemeinde sandte und in den Brief hundert englische Pfund einlegte als Opfer für die Sache Gottes. An seinem Sarg war eine Tafel mit folgender Inschrift angebracht:

Ich habe den guten Kampf gekämpft,
ich habe den Lauf vollendet,
ich habe Glauben gehalten.
(2. Timotheus 4,7)

Zigtausende folgten seinem Sarg zum Friedhof, wo er ins Grab gelegt wurde. Der Prediger aber tröstete die nun verwaiste große Gemeinde mit den Worten: „Geliebter Spurgeon, du bist nun im Lichte Gottes, wir aber müssen noch hier in der Dunkelheit ausharren. Aber auch unsere Nacht wird bald vorüber sein und mit ihr all unser Weinen. Dann werden unsere Lieder vereint mit deinen den neuen hellen Tag begrüßen, den keine Wolke mehr verdunkeln kann und der kein Ende kennt, weil es Nacht dort nicht gibt. Deine Hand hält nun die Siegespalme. Der Helm drückt nun nicht länger deine Stirn, die oft so müde war von den drängenden Gedanken des Kampfes. Du empfängst nun den Siegeskranz aus der Hand des teuren Erlösers. Dann werden dein Geist, dein Auferstehungsleib und deine Stimme deinen herrlichen Erlöser preisen und loben."

Es war keine prunkvolle Beerdigung, und auch der Sarg war einfach. Auf ihm lag seine Bibel, das teure Gotteswort, das er Millionen von Menschen verkündigt hat. Bevor der Sarg in die Erde gesenkt wurde, nahm man sie vom Sarg herunter und legte sie in die Hände seiner geliebten Frau.

Ich könnte Beispiel an Beispiel aneinander reihen von Menschen, die zur Wolke der Zeugen gehören. Wir dürfen in einer langen Kette vor ihnen stehen mit der Stafette in der Hand und sie an andere weitergeben. Wir brauchen die Wolke der Zeugen; denn sie ist uns ein Vorbild, wie wir kämpfen und siegen können. Von Jesus sind wir gerufen, und für ihn stehen wir ein.

Von der Wolke wollen wir nun unseren Blick auf den Lauf lenken, auf die Arena, in der die Gemeinde ihren Glaubenskampf durchstehen muss und dazu noch viele auf den Weg in die Nachfolge Jesu mitnehmen. Die Gottesstadt ist das Ziel. Dahin geht unsere Sehnsucht. Das ist auch unser Auftrag. Wir sind für den Himmel geboren. Dort ist unsere Heimat, auch wenn wir uns auf Erden einrichten, als würden wir ewig hier bleiben.

Unser Leben ist ein Ziellauf und kein Wettlauf. Es geht nicht unbedingt darum, dass wir bei diesem Lauf eine gute Figur abgeben, den besten Sprint ablegen, uns mit anderen vergleichen und uns an ihnen messen, wer denn der Bessere sei. Unser Bestreben soll sein, das Ziel zu erreichen und die Lebenskrone davonzutragen. Es geht letztlich um Frucht, die ewig bleibt, und nicht um Erfolg, um Ansehen und Ehre.

Wer sich zu einem solchen Lauf auf den Weg macht, muss alle Lasten hinter sich lassen. Mit einem Sack auf dem Buckel kann der beste Läufer nicht schnell sein. Jesus kennt unsere Situation. Er weiß, wie beschwert wir oft sind. Er macht uns Mut, dass wir die Last ablegen. Es tut uns letztlich gut, wenn wir offen vor unserem Herrn stehen und ehrlich zugeben: „Meine noch unbekehrten Kinder beschweren mich; ich will doch, dass sie auch in den Himmel kommen. Der Streit um das Erbe in der Familie drückt mich nieder. Die Unwahrheit, Heuchelei und Lieblosigkeit machen mir zu schaffen." Das ist unsere Chance. Wir kennen Jesus, und bei ihm dürfen wir Lasten ablegen. Er hat sie doch schon längst erkannt und will sie tragen.

Hier bringt der Schreiber des Hebräerbriefes zwei Begriffe ins Spiel: Geduld und Kampf. Ja, wir stehen im Kampf. Was uns als Last aufgebürdet ist und was wir uns selbst auferlegen, fordert uns ganz heraus. Unsere Lasten können nur dann abgenommen werden, wenn wir vor Jesus ehrlich werden. Es ist letztlich eine Vertrauensfrage. Traue ich Jesus zu, dass er mir meine Bürde abnimmt, oder will ich mich lieber selber damit abschleppen und dabei unter die Räder kommen? Er will doch mein Erlöser sein, in dessen Nähe ich heil werden kann. Dazu brauche ich auch Geduld; denn nicht jede Frage findet eine schnelle Lösung. Sollten wir nicht dem vertrauen können, der den größten Sieg auf unserer Erde errungen hat? Er hat dem Tod die Macht genommen.

Er ist der Auferstandene. Wir singen doch in dem wunderbaren Osterlied:

Christ ist erstanden von der Marter alle.
Des soll'n wir alle froh sein,
Christ will unser Trost sein:
Kyrieleis!

Christus sucht die Verbindung zu uns. Er will uns unbeschwert und frei von Schuld seinem himmlischen Vater darstellen. Alles, was uns daran hindert, das Ziel, die Gottesstadt, zu erreichen, wollen wir ablegen, auch die kleinsten, geheimsten, hinterlistigsten Sünden. Wenn ein Marathonläufer gewinnen will und bei Kilometer 20 merkt, dass sein Schuhriemen sich gelöst hat, wird er wahrscheinlich Kilometer 30 nicht erreichen. Er muss dieses Missgeschick schnellstens in Ordnung bringen, sonst kommt er nicht ans Ziel. Der Lauf wird ihm durch den läppischen Schnürsenkel zur Katastrophe. Wenn schon ein Marathonläufer alles daran setzt, um einen Lorbeerkranz zu erringen, wie viel mehr sollten wir alles Hinderliche, das uns lahm und träge macht, ablegen, weil uns ja ein viel höheres Ziel erwartet: die

Ewigkeit bei Gott. Wir stehen in Gefahr, alles im Leben mitnehmen zu wollen, aber die Ewigkeit lassen wir außer Acht.

Paul Gerhardt hatte mehrere Kinder verloren. Nur ein einziger Sohn hat ihn überlebt. Sogar seine Frau musste er nach kurzen Ehejahren zu Grabe tragen. Aber er holte sich die Kraft, das Elend und den Tod zu ertragen, indem seine Sinne auf die Ewigkeit ausgerichtet waren. Er sagte sich: „Ist es eigentlich so wichtig, wer als Erster in den Himmel kommt? Die Hauptsache ist doch, dass wir alle die Gottesstadt, das himmlische Jerusalem erreichen."

Er dichtete folgendes Lied:

Warum sollt ich mich denn grämen?
Hab ich doch Christus noch!
Wer will mir den nehmen?
Wer will mir den Himmel rauben,
den mir schon Gottes Sohn
beigelegt im Glauben?

Wir Menschen meinen, so viel wie möglich an Glück und Vergnügen in unsere Lebenszeit hineinlegen zu müssen. Auch wir Christen sind von dieser Diesseitsfalle bedroht.

Aber der Hebräerbrief lehrt uns eine andere Botschaft. Er mahnt uns, das Wesentliche zu sehen und nicht dem Eitlen, Vergänglichen nachzulaufen. Wir dürfen unser Dasein aus der Sicht der Ewigkeit betrachten, und das gibt uns Hoffnung. Die Gottesstadt ist für uns eine Wirklichkeit, die uns die trüben Tage des Alltags erleuchtet.

Mein Leben sei ein Wandern
von einem Tag zum andern
zur selgen Ewigkeit.
O Ewigkeit, du schöne,
mein Herz an dich gewöhne.
Mein Heim ist nicht in dieser Zeit.

Wir wollen aufsehen auf Jesus. Er ist der Anfänger und Vollender des Glaubens.

Wer auf seinen Herrn Christus schaut, der hat die beste Entscheidung für sein Leben getroffen. Er lässt sich nicht mehr von irdischer Macht und irdischem Glanz beeindrucken. Jesus macht uns den Blick frei für ihn selbst und seine Wirklichkeit. Was wir anschauen, das gewinnt Macht über uns; denn Jesus lebte um eines hohen Zieles willen. Er achtete nicht auf die Freude, die er hätte haben können, sondern handelte nach den Weisungen seines himmlischen Vaters. So hat er sein Ziel erreicht, und so werden auch wir das himmlische Jerusalem erreichen. Danach wollen wir trachten.

Johannes Busch war Jugendpfarrer. Zu seinem Auftrag gehörte es, dass er jungen Menschen das Evangelium verkündigte. Er reiste viel im Land umher. Dann aber schickte Gott seinen Boten auf die letzte Reise seines Lebens. Auf einer Fahrt nach Trier zu nächtlicher Stunde geschah der schreckliche Unfall. Unger, sein Chauffeur, saß am Steuer, und so konnte sich Johannes Busch auf der zurückgeklappten Rückenlehne seines Sitzes zum Schlafen hinlegen. Da kam ihnen auf der einsamen Straße ein schwerer Mercedes entgegen. Ein Zwanzigjähriger fuhr von einer Karnevalsfeier nach Hause. Er hatte eine Menge Alkohol getrunken. Mit voller Wucht raste sein Mercedes auf der falschen Straßenseite in den kleinen Volkswagen hinein. Der Mercedes überschlug sich und blieb mit den Rädern nach oben liegen. Dem jungen Fahrer war nichts passiert. Er kroch aus den Trümmern seines Autos heraus und ging auf den demolierten Volkswagen zu. Er war ganz erschrocken, als er sah, dass der Fahrer tot am Steuer saß. Die Steuersäule hatte ihm das Genick abgedrückt. Da packte ihn das Entsetzen, und er floh in die nahen Weinberge. Der Volkswagen stand verlassen quer auf der einsamen Straße. Nach einer halben Stunde wachte Johannes Busch aus seiner Bewusstlosigkeit auf. „Wo sind wir? Warum fahren wir nicht?" Im fahlen Mondlicht sah er, dass sein Freund Unger tot war. Er selbst verspürte einen rasenden Schmerz im Bein. Er wollte aus dem Wagen herausspringen, aber es ging nicht. So musste er untätig darauf warten, bis endlich ein anderes Auto kam und eine Hilfsaktion gestartet wurde.

Johannes Busch wurde ins Krankenhaus gebracht. Sein rechtes Bein war mehrmals gebrochen. Als er erfuhr, dass er wohl einige Wochen liegen musste, sagte er einem Freund ganz bedrückt: „Weißt du, es ist schwer, dass ich jetzt wochenlang hier liegen muss, wo doch die Arbeit an allen Ecken und Enden drängt. Aber das kann ich alles ertragen. Doch dass Unger tot ist, damit werde ich überhaupt nicht fertig."

Doch Gott schenkte ihm auf dem langen Krankenlager seine Tröstung. Das Wort

Gottes ging über ihm auf, und Gott führte seinen eifrigen, fleißigen Knecht in eine große Stille hinein. Jeder Tag war voller Schmerzen, Not und inneren Kämpfen, aber Johannes Busch wurde auch von wunderbaren Tröstungen getragen. Als er wieder einmal in großer Schwachheit und Verzagtheit mit seinen bohrenden Schmerzen kaum fertig wurde, hört er im Radio eine Bachkantate. Machtvoll ertönte der Schlusschoral:

Gott hat es also wohlbedacht
und alles, alles recht gemacht!
Gebt unserm Gott die Ehre.

„Das Lied hat mich so erquickt", erzählte er in einem Brief, „ich fühlte mich wie im Himmel." So sorgte Gott für seinen leidenden Boten.

Nach einer Operation fing das Bein an zu eitern. Johannes Busch ging durch grauenvolle Schmerzen und Qualen. Das Bein war nicht mehr zu retten. Es musste amputiert werden. Als sein Bruder ihn besuchte, sagte er: „Gestern war ich ganz verzweifelt. Jetzt bin ich ein Krüppel. Als Krüppel kann ich doch keine Jugendarbeit machen. Ich musste daran denken, wie ich im letzten Jahr in der Schweiz war. Jetzt werde ich nie mehr mit meinen Kindern auf einen Berg steigen können. Ich werde nie mehr wandern können. Kannst du dir denken, dass ich ganz verzweifelt war? Auf einmal fiel mir das Bibelwort ein: ‚Gott hat seines eigenen Sohnes nicht verschont, sondern hat ihn für uns alle dahingegeben. Wie sollte er uns mit ihm nicht alles schenken?‘ Da wurde mir die Gabe Gottes in Jesus so groß, dass ich mir selber sagen musste: ‚Gott hat so viel für dich getan, wie willst du Narr wegen eines lumpigen Beines klagen und jammern?‘"

So ging es für den vitalen Mann durch manch inneren Kampf. Trotz der Amputation war sein Leben nicht mehr zu retten. Die Eiterung ging weiter. Die Schmerzen steigerten sich ins Unerträgliche. Trotzdem konnte Johannes Busch sagen: „Die schrecklichen Schmerzen, das ist nur äußerlich. Innerlich bin ich ganz fröhlich."

Gott hatte beschlossen, seinen treuen Boten heimzuholen. Am 14. April 1956 tat er seinen letzten Atemzug und war dann ewig zu Hause in der Gottesstadt.

Amen!

Autorenadresse:
Lotte Bormuth
Sperberweg 8 a
35043 Marburg
Telefon 06421/41347

Weitere Titel von Lotte Bormuth

Und doch lacht mir die Sonne
Aus meinem Leben – Band 1
ISBN 978-3-86827-233-8
208 Seiten, kartoniert

Gewinnen Sie Einblick in das bewegte Leben einer Schriftstellerin, deren Bücher die Gesamtauflage von 1 Mio. Exemplaren überschritten haben. In diesem Buch spannt sich der Bogen von Bessarabien, dem heutigen Moldawien, wo die Autorin aufwuchs, über die dramatische Flucht im Krieg bis hin zu einem Neuanfang und schließlich ihrer Eheschließung im Westen Deutschlands. Und wie immer schafft es Lotte Bormuth, dass der Leser intensiv Anteil nehmen kann an dem Geschehen in schwerer Zeit, an den abenteuerlichen und den heiteren Begebenheiten und an den Menschenschicksalen, die ihr auf den Stationen ihres reichen Lebens begegneten.

Kleines Mädchen Nummer fünf
ISBN 978-3-86827-376-2
144 Seiten, gebunden

Werfen Sie einen Blick in den Alltag der bekannten Autorin: Sie schreibt von sehr persönlichen Erlebnissen in der eigenen Familie, aus denen sie Kraft und Mut schöpft, die sie aber auch herausfordern und ins Gebet treiben. Sei es der eigene Sohn, der als Säugling einen schweren Start ins Leben hat, oder die Begegnung mit Natascha, die sich mit einer heimlichen Putzaktion erkenntlich zeigen will und dabei Chaos in den Manuskripten der Autorin verursacht. Lotte Bormuth erzählt von dem Aprilscherz ihres sechsjährigen Enkels und wie plötzlich ein Spender für das defekte Dach einer Bibelschule gefunden wird.
Darüber hinaus berichtet sie auch von erschütternden Lebensschicksalen, mit denen sie auf ihren Vortragsreisen konfrontiert wird. Da ist die junge Studentin, die sich das Leben nehmen will, weil ihr der Vater ihres Ungeborenen die kalte Schulter zeigt, oder der junge Mann, der an einer unheilbaren Krankheit leidet und keinen Menschen hat, der sich um ihn kümmert.

Ein Buch, das Mut machen will, sich ganz der Obhut des himmlischen Vaters anzuvertrauen.

Wie Perlen auf einer Schnur
ISBN 978-3-86827-308-3
224 Seiten, kartoniert

Beim Klassentreffen sitzt sie viele Jahre nach dem Abitur ihrem ehemaligen Mathelehrer wieder gegenüber. Wohl fühlt sie sich nicht in ihrer Haut, gehörte sie doch in diesem Fach zu den Schülern, deren Klassenarbeit im Stapel immer ganz unten lag und in der Regel mit mangelhaft benotet wurde. Aber dann überwindet sie ihre Unsicherheit und erzählt dem alten Mathelehrer von ihrem Glauben und dass es für Christen eine Hoffnung auf das ewige Leben gibt. Und plötzlich ist die Beklommenheit verschwunden und sie steht nicht mehr als eine Versagerin vor diesem Mann, sondern als mutige Glaubenszeugin.

Diese und viele weitere Episoden aus dem Leben der Autorin und anderer Menschen, die sich ihr anvertraut haben, hat Lotte Bormuth in diesem Buch gesammelt und sie wie Perlen auf einer Schnur aufgereiht. Es sind Geschichten, die uns Mut machen, zum Schmunzeln bringen oder auch zu Tränen rühren. Allen gemeinsam ist die feste Zuversicht, dass auf Gott in allen Lagen des Lebens Verlass ist.

Bestens geeignet auch zum Vorlesen in der Gemeinde.